リフレクション型国語科授業

「問い」をつくり、「問い」で読み合い、「問い」を評価する

白坂洋一
香月正登
著

東洋館出版社

はじめに

リフレクション型国語科授業は、「教師の教え方」ではなく、「子どもの学び方」を中心とした授業展開です。授業を通して、子どもたちは、「学び方」を学んでいきます。

では、具体的に、どのような授業なのでしょう。

それが、本書のサブタイトルにある通り、「問い」をつくり、「問い」で読み合い、「問い」を評価する授業展開です。勿論、その主語は「子ども」です。

リフレクション型国語科授業は、香月正登先生との、共同研究がはじまりとなっています。新型コロナウイルス感染症拡大の影響もあって、さまざまな活動に制限がかかる状況の中で、子ども主語の国語科授業実現のために、当初は2人で、幾度となく、話し合ってきました。授業を実践し、分析し、さらに修正を加える。授業という一つの事実と常に向き合い、実践を形作っていきました。と同時に、授業分析から得られた、子どもたちの質的な変化からは、リフレクション型国語科授業への手応えさえ、感じました。

今では、リフレクション型国語科授業は、さまざまなバリエーションで展開されています。また、当初は2人でありましたが、共同研究の仲間も広がり、各地で実践され始めています。

本書は、リフレクション型国語科授業について、根幹を示したものであり、授業実践は、プロトタイプと言えるでしょう。そのため、学級の実態、子どもたちの学びの姿に合わせて、アレンジを加えることができます。と同時に、授業実践を通して、先生方の力量形成に寄与するものだといえます。

私たちも、本書をキックオフとして、これまでに実践を積み重ねて得られた新たな知見、さらには、学び方のバリエーションを今後、お伝えしていきたいと考えていますし、ぜひ、多くの先生方と一緒に、授業という一つの事実を通して、共に、語り合っていけたらと考えています。

本書が、明日からの国語科授業が変わるきっかけの一冊となりますように。そして、本書を通して、子どもたちが言葉の学びを積み重ね、「国語の授業ってこんなにおもしろいんだ」と、子どもたちが語り合う声が教室から聞こえてくるのを願って、この一冊をお届けします。

筑波大学附属小学校　**白坂　洋一**

もくじ

リフレクション型国語科授業―「問い」をつくり、「問い」で読み合い、「問い」を評価する―

第3章 リフレクション型国語科授業の実際

第1章

リフレクション型国語科授業とは

―「問い」をつくり、「問い」で読み合い、「問い」を評価する

1 リフレクション型国語科授業の学びのサイクル

リフレクションとは、自らの行為・経験を振り返り、新たな気付きを得て、学びを前進させる行為である。辞書的には反省・内省・熟考などの訳語が与えられ、行為・経験の意味づけに価値があるとする。決して、ある観点、ある目標に対する到達度をチェックしたり、「〜がわかりました」「〜がおもしろかったです」といった表層的な記述を促したりする行為ではない。

では、なぜ、リフレクションに着眼するのか。通常であれば、子どもの興味や関心を引き出す言語活動の設定や教材へのしかけをまずもって考えるべきなのかもしれない。しかし、学びを真に主体化するのは、紛れもなくリフレクションであるというのが、本書での提案を「リフレクション型国語科授業」とした理由である。

リフレクション型国語科授業は、リフレクションを言葉の学びの原動力とし、リフレクション機能を最大限に生かすことで、「子ども主語」を実現しようとする授業構想である。で

図1　リフレクション型国語科授業の学びのサイクル

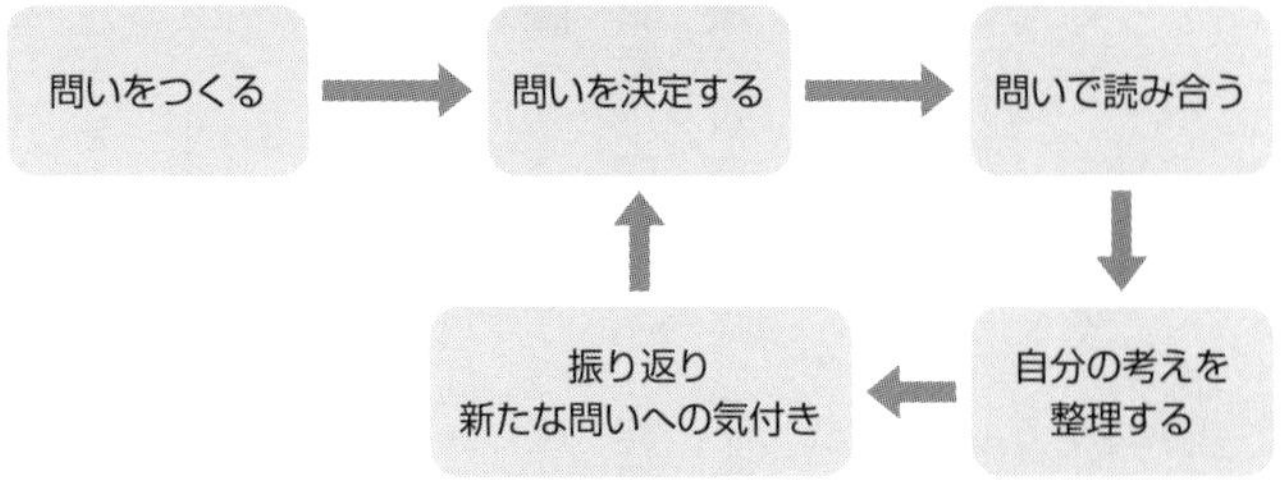

は、リフレクションが有効に機能し、子どもを主体化するものは何であろうか。子どもの論理に即して考えれば、やはり子どもの主体的行為の核となる「問い」に着目したい。「子ども主語」の学びとは、「子どもが問い、子どもが自らの問いの答えを導き出し、さらに子どもが問う」学びのことである。

リフレクション型国語科授業では、それぞれが問いをもつ、問いをつくることに留まらず、それぞれが抱いた問いを共有し、問いを協働で生成し、問いを決定する。次に、その問いで読み合ってみる。それぞれの読みを表出し、新たな読みの可能性を探究するのである。読み合い後は、自分の読みをまずは整理し、読み合った問いを評価し、さらなる問いを決定する。こうした学びのサイクル（図1）をリフレクション型国語科授業の基本モデル「国語学習サイクル」として考えている。当然のことながら、学びのサイクルは、リフレクションがより有効に機能することを考えてのもので、子どもの学びによっては2サイクル、3サイクルと展開することを想定している。学びのサイクルを経験し、子ども自らが自分の学びを意味づけ、進展させることに重心を置いているのである。

ここからは、リフレクション型国語科授業の学びのサイクルを、それぞれの要素の解説も併せて、実践の具体から紹介したい。学習の概要は、以下の通りである。

期間：2022（令和4）年3月3日～16日
授業者：白坂洋一　**共同研究**：香月正登
対象：筑波大学附属小学校3年生
単元名：「問い」を立てて読み合おう
教材名：おにたのぼうし（教育出版3年下）
単元の目標
・文章全体の構成や内容の大体を意識しながら音読することができる。
・おにたの言動への着目、場面の比較を通して、語りの構造をとらえることができる。
・おにたの言動やぼうしの意味について考えを巡らせ、思いや考えを伝え合おうとする。

●単元の構成（全11時間）

第一次　問いを決めよう！（3時間）

・「おにたのぼうし」を読み、読後感を交流する。

・問いをつくり、問いを決定する。

〔教師が想定した問い〕

○どうして女の子にやさしくするの？

○おにたはなぜ自分がおにであることを女の子にいわなかったの？

○おにたはなぜ黒まめになったの？

○おにたは神様といわれてうれしかったの？

○おにたはどこにいったのだろう？　等

第二次　問いで読み合おう！（6時間）

・問いをもとに「おにたのぼうし」を読み合い、問い日記をつくる。〈2時間×3セット〉

〔1セット（2時間）の流れ〕

①問いを確認し、読み合う〈振り返りは家庭学習〉

②問いを評価し、次の問いを決定する。

第三次　私を語ろう！（2時間）

・「おにたのぼうし」を読んで、もし自分だったらを考え、経験や感想をまとめる。

・学習の振り返りをする。

問いの決定を子どもに委ねた実験的な授業である。問いをつくる（目標設定）→問いで読み合う（交流）→問いを振り返る（評価）という学習展開をくり返している。

2 子どもが「問いをつくる」「問いを決定する」―問いの協働生成の意味―

1 第一回目の目標設定

子どもが気になったところ、読み合いたいところを「～は、～か」と問い化し、グループでの検討を通して全体に出されたのが以下の問いである。

A どうして おにたは 消えたのか?
B なぜ おにたは 消えたのか?
C なんで おにたは 女の子のために ごはんを 持ってきたのか?
D なぜ おにたは ごはんを もってこれたのか?
E なぜ おにたは おにはわるいといわれたあとに やさしくしたのか?
F なぜ おにたは やさしいのか?
G おにたは どこからごはんを 持ってきたのか?

H　黒豆は 何だったのか?
I　なぜ 豆太のように 人のためなら やることができたのか?
J　どうして 女の子は うそをついたのか?
K　なぜ おにたは つのかくしのぼうしを おいていったのか?
L　なぜ 女の子は 食べたのと うそをついたのか?

子どもから出された問いを、まずは分類・整理し、問いを決定する話し合いを行う。もちろん、話し合いのなかで問いが変わることがあってもよい。問題意識がつながってまったく異なる問いが誕生することも想定している。

実際に話し合いの中心となったのは、「B　なぜ おにたは 消えたのか?」「H　黒豆は 何だったのか?」である。序盤では、次のような話し合いが行われた。

T：ここから1つに絞ろうか。どの問いで読み合いたい?意見聞かせて
①C：私は「どうしておにたは消えたのか?」がやりたくて、なぜかというと、なん

か、あのー、文章にものってなかったし、まだ全然わからないからやってみたい（つ：あー／でも、それって、全然永久に終わんなさそう／永久ではないよ／物語の順番に問いをやっていったらいいかな／でもなんか一つに固まってるよね。ごはんのところとか）

②Ｃ：私は「どうして女の子はうそをついたのか」をやりたいと思って、何でかというと、なんでうそをついたのかっていうのもわかんないし、どうして食べたって言ったのかっていうところがわかるから（つ：それだったら、すぐ片付きそうな気がする／今わかった、今わかった）

③Ｃ：ぼくは「黒豆はなんだったか」というので、「どうしておにたは消えたのか」というのの答えがでると思う（つ：まとめるっていうか、続くってことでしょ／うん。まとめれるっていうか／問題文が連続していくっていうことでしょ）

Ｃ：「なぜおにたは消えたのか？」っていうのと、それと、「黒豆は何だったのか？」っていうのは関連しているよ。

＊つ：子どもの中で起こったつぶやき

子どもは、①②③に見られるように自分の考えを表していくが、それに対する傍線のようなつぶやきのなかで吟味を加え、言葉の学びの可能性を拓こうとしていることがわかる。解決のイメージや問いのつながりなどに着目しながら、取り組むべき問いかどうかの判断を探る行動を起こしている。

話し合いの中盤では、注目が集まった問いを取り出して、BとHの問いを中心に問いの設定を行うことを子どもと確認する。しかし、実際に問いの設定を行おうとすると、新たな話し合いが起こってくる。おにたが消えたことは事実として、おにたが黒豆を置いて消えたのか、おにたが黒豆になったのかといった黒豆の意味を、どう問いとして言語化すればよいのかという話し合いである。話し合いの実際は次の通りである。

C：「黒豆はなんだったのか？」っていうのと、「黒豆を置いて消えた」っていうのはちょっと違うと思う。
C：「なぜおにたは消えたのか？」っていうのを考えているなかで、そのなかで「黒豆は何だったのか？」っていう問いがまた出てくるんじゃないかな。
C：「なんでおにたは消えたのか？」っていうので、「黒豆になったんじゃないか」っていうのが出てきたら、じゃあ、「黒豆は何だったのか?」っていうのがまたおにたってなる。
T：だったら、私たちが考えたい問いって何だろう。
C：①どうしておにたは黒豆をおいて消えたのか?
C：②なんでおにたは消えて、黒豆が残ったのか?
T：どっちがふさわしいだろうね。
C：②がいいと思って、①は「どうしておにたは黒豆をおいて」って「おいて」ってあるけど、「おいて」じゃないかもしれないから。②の「のこった」は、おにたが黒豆になって置いたとしても残ったことだから。
C：①は置いてから消えたことになるけど、②は消えてから黒豆が残っていることになる。
C：②は日本語がおかしいと思っていて、(つ：えーっ、どういうこと?) 黒豆が、おにたがって主語が2つあって、③「どうしておにたは消えて、黒豆を残したか?」だったらいい。
C：「黒豆がのこったのか」を「のこしていったのか」というと、もともと②は「おにたは消えて、黒豆は残ったのか?」っていう黒豆についての問いだけど、③の問いだと残していったかで、どうして残していったのかってなると、おにたについてのこととなるから①と一緒になる。

授業時間を超えてしまうような話し合いで、この後も堂々巡りを続けていくが、おにたの自己犠牲を物語る黒豆へのこだわりは子どものなかで膨らんでいる。すでに読みの交流がはじまっていることもわかるだろう。最終的には、「どうしておにたは消えて、そこに黒豆があったのか?」という問いが提案され決定したが、「考えたいのは、なんでおにたは消えたのかと、黒豆は何だったかだから、おにたは消えて、そこに黒豆はあったかで、2つの問いが平等になっている」「あったというのは、置いてあったともいえるし、黒豆になったともいえるから」という考えが了解されたことによる。

こうした子ども相互での対話を通して、「おにたのぼうし」の教材性と関わりながら読み合いのための問いを子どもが主体的に決定する。国語学習への意識が「何をどう学ぶか」という点に注がれていることが子どもの言葉から認められるだろう。

2　第2回〜第3回の目標設定

第1回の目標設定は先述の通りだが、第2回、第3回の目標設定における国語学習への意識の変化に着目してみたい。

まず、第2回は、第1回と同様に、子どもそれぞれが読み合いたい問いをグループで出し合い、グループで1つの問いを選出して全体の場に出し合い、そのなかから選んだり、つくり変えたりして最終的な問いを決定する。出された問いは以下の問いである。

A　なんで 女の子が言ったとおりに、「節分だから、ごちそうがあまったんだ」といったのか？

B　おにたは なぜ 女の子がうそをついた食べ物を そっくりそのまま 持ってきたのか？

C　なぜ おにたは みんなに気づかれないように みんなに優しくしていたのか？

D　もう少し 明るく終わっても よかったのでは？

E　なぜ おにたは 人間たちに悪者扱いされているのに、くじけずに 気のいいおにのまま、人間たちに優しくするのか？

F　おにたは 女の子を どう思っているのか？

G　なぜ おにたは 正直に おにだと言わなかったのか？
H　なぜ 人間に 悪いと言われているのに、優しいことをするのか？

第2回では、第1回の経験もあり流れはスムーズで、まずは問いの重なりから見ていったが、C・E・Hは、おにたが人間に優しくする理由で、子どもの日常の感覚とは異なるのだろう。当然、問いの決定もそれを中心にして行われるものと予想したが、子どもの注目が集まったのはDの問いである。

T：みんなの推しの問いってどれですか？
C：私は「もう少し明るく終わってもよかったのでは？」という問いで、（つ：私もそれ）だって、おにたとかは、最後に悲しい気持ちで物語が終わってしまうから、もうちょっとこの悲しくて、そのことが解決したところで終わった方がよかったんじゃないかな。
C：あのー本当におにたのぼうしの話の最後におにたが消えて、悲しくてマイナスのところにいっているけど、でも、明るくいったら、たぶんおにたは消えないでずっといると思って、悲しくならないで、あの悲しくならない。

C（Y）：①「もう少し明るく終わってもよかったのでは？」という問いで、作者の意図があると思う。

C：意図？

C：意図って何？

T：どういうことですか？

C（Y）：簡単に言うと、考え。

C：私も「もう少し明るく終わってもよかったのでは？」で、なぜかというと、そこからYくんと同じように②作者の気持ちとか、あの、なんて言うんだろう、作者がなぜこうしたのかっていう、作戦というか、なんていうか、わかってくるんじゃないかなと思ったからやってみたいと思いました。

T：この問いでこんなことが読めるよねっていうのがある？

C：作者の考えとか、種とかが見つかる。

C：種？
C：種明かしとか？
C：③もう少し明るく終わってもって、なんか不思議に思う種。
C：えっと、ぼくも「もう少し明るく終わってもよかったのでは？」っていうのがいいと思ったんだけど、④作者の気持ちがわかるのと、そのとき、作者が書いたときにどんな気持ちになって書いたのかがわかると思うから、それによって、この文章全体がわかってくると思う。

子どもの意見が拡散せずに、Dの問いに集中したのは、④の発言にも見られるように、部分ではなく全体への意識が関わっているのではないかと考えられる。想像の域は出ないが、恐らく「おにたのぼうし」の作品性とのつながりがもっとも問い化されているのはDと判断したのであろう。他の問いはほとんどふれられなかったが、まったく子どもの意識から消えていったわけではなく、子どもの問いとしては常に意識され、決定された問いと関連づけて読まれることになる。

「もう少し明るく終わってもよかったのでは？」と物語の結末を問いとして意識することによって、①の発言から②、③、④へと子どもの思考は動き、作者の気持ち、作戦、意図を読もうという自律的な意識が芽生えるとともに、子どもの国語学習への意識が方略的になっていることがわかる。

では、第3回の目標設定ではどうだろうか。第3回では、目標設定の活動にも慣れ、自由にペアやグループをつくり、読み合いたい問いを出し合って全体で検討する。23の問いが出されたが、問いを分類・整理し、検討したい問いを次の4つに絞った。

A	なぜ おにたは 女の子がうそをついた食べ物を そっくりそのまま 持ってきたのか？
B	おにたは 女の子を どう思っているか？
C	なぜ 節分の家から 物語は始まったのか？
D	なぜ 消えるときに 麦わらぼうしを のこしたのか？

絞った4つの問いを見ると、AとBは、前時にも出てきた問いであることに気付くだろう。子どものなかにあるひっかかりは、こうして何度も登場し検討されていくのである。現実的

には子どもの問いをすべて取り上げることは不可能である。しかし、選ばれなかった問いもまた子どものなかで生きていて、学びの材として関わっているであろうことがこうした子どもの動きからもわかる。

さて、第3回の問いの検討・決定の様子は以下の通りである。

T：この4つだね。これまでやった問いとは全く違いそうだもんね。どう？
C：なんとなく「おにたっぽい」ね。
T：どういうこと？
C：まず、女の子は、帽子を忘れてったと言って、帽子を上げて、あの黒豆があったとびっくりしているから、おにた自身はそこは「っぽい」っていのうのは、自分の意志で帽子を置いていって、豆を置いたんじゃないかな。
C：見つけられるために。そのままだと黒豆でわかんなくなっちゃうから。
C：ぼくもDがいいと思って、さっきだれかが言っていたみたいに、①麦わら帽子についての問題はなんも出てなかったし、「おにたのぼうし」だから、帽子がまた結構、関係してくるんじゃないかなと思って。

C：Dの問いがいいと思って、②題名が「おにたのぼうし」で、私は帽子がキーワードだと思って。

C：なるほど。

C：Bの問いがいいと思って、あの、どう思ってるかって、おにたは何か、女の子は豆まきしたいし、あとなんか楽しそうだから、どっちの気持ちが優先になるのかなと思って。

C（R）：Dの問いかな。「おにたのぼうし」っていう題名なんだから、帽子のこと、帽子関連のことをまだ1回もやってないし（つ：あー）、③麦わら帽子っていうのは、おにたと一緒にずっと行動しているものだから、一緒にいるものだから、そこのことについてやってみたい。

C：Rが言ったように、「おにたのぼうし」って書いてあるから、たぶん帽子の問いにした方がいいんじゃなかって。

C：わたしはみんなの意見を聞いて変えたんだけど、④「おにたのぼうし」って書いてあって「ぼうし」のところが文章中にも出てきているからキーワードだと思ってる。

C：Dで、「おにたのぼうし」って書いてあるから、⑤帽子がキーワードになっているし、これを読めば全部わかるんじゃないかな。
C：あーそういうことか。
C：あの、なんか、Dは、⑥麦わら帽子とか題名と重なり合っているから、そこが合体していているというか関連しているからいいんじゃないかな。

子どもによる目標設定は、Dの問いである。①～⑥の発言を見ても、題名と問いをつなげ、「ぼうし」を物語のキーワードとしてとらえている。⑤の発言に代表されるように、Dの問いを読み解くことがさまざまな問いを解決し、物語全体を読むことになるとイメージしていることが伺える。それは確かな見通しと言えるものではなく、漠然としたイメージであり、「ぼうし」という言葉に誘導されてしまっただけのことかもしれない。しかし、こうした意識を子どもが自らの内に湧き起こしてくることが重要で、それが自分事の言葉の学びへと転化していくポイントだと考えている。

以上のように、第1回から第3回の子どもの目標設定を追っていくと、子どものなかに、部分だけの読みに留まらず、象徴的な描き方に着目し、部分と全体の関係を読み、方略的な意識が高まってきていることが認められる。松本修（2020：19頁）は、読みの交流を促す〈問い〉の要件として次の5つを挙げている。

【読みの交流を促す〈問い〉の要件】
①誰でも気がつく表現上の特徴を捉えている。
②着目する箇所を限定している。
③全体を一貫して説明できる。
④いろんな読みがありえる。
⑤その教材を価値あるものとする重要なポイントにかかわっている。

こうした要件を満たす〈問い〉は、読みの交流を促進することが明らかだが、要は、こうした問いを子どもがつくり、選別する力をもつことである。そのためには、子どもの問いを集め、教師が要件に当てはめて選別するのでは意味がないのである。「子どもが決める」ということは、子どもが自分の考えをもち、自分の考えに従って学ぶということである。そこには成功があれば失敗もある。しかし、ともに価値ある学びであり、失敗を想定しない（許容しない）学習は、子どもの自律的意識を弱めてしまうだろう。なぜなら、学びが予定調和的でダイナミズムを失うからである。自らが問いを立て、読みの交流が停滞してしまう体験、読みの交流で新たな読みを発見する体験、その両方が子どもの言葉の学びを強化していくと考えている。

以上のように、たった1つの単元内の学習だが子どもの問いへの見方・考え方は変化している。すべての読みの交流が成功したわけではなく、その都度の振り返りによって問いが意味づけられ、第1回から第3回へと向かうごとに主体の関与が強くなり、一人一人が抱く問いが少なくなるどころか、問いが増えていくというのもその現れなのだろう。

3 子どもが「問い」で読み合う ―伴走者としての教師の立ち位置―

本節では、子どもが問いを決定したのちの読みの交流と、読みの交流における教師の支援に焦点を当てる。取り上げるのは、第3回で決定した問い「なぜ、消えるときに麦わらぼうしをのこしたのか?」の読みの交流である。子どもが「おにたのぼうし」の象徴的なシーンとして注目し、題名とのつながりをもっとも感じた問いである。

読みの交流の結果から述べれば、ここでの読みの交流は、自分との接点が見出せなかったり、納得できる解釈に出会えなかったり、子どもの言葉を借りれば「モヤモヤする」読みの交流であっただろう。では、無意味な読みの交流であったかと言えばそれもまた違う。読みの交流を序盤・中盤・終盤に分け、その様相を細かく見ていきたい。

1 序盤～問いの共有

読みの交流のはじめは、「(おにたは)恥ずかしがり屋だから」「女の子を気遣って」「(おにたの）サプライズ」などの発言が続いていくが、次第に問いが何を問うているのか、どう問うているのかを明らかにしようとする発言が見られるようになる。

C：前に「おにたが消えて、黒豆が消えたのはなんだったのか」という問いをやったときに、黒豆におにたがなったっていう、変身したっていう意見があったから、それがほんとだったとしたら、自分の体だけ黒豆になって、それでぼうしが自分の体の一部が残った
C：ちょっと意見。だったら服は？
C：おにたが、女の子に黒豆をそのまま置いていたら、何で置いたのかっていうはてな、不思議になっちゃうから、ぼうしを置いて、忘れたような感じにして、あの、うれしさ、そういう気持を出したんじゃないかな。あとお母さんが病気だったから、それで悲しい思いをしているかもしれないと考えて、少しでもうれしい思いをしてほしくて
T：（黒板を指しつつ）女の子にうれしい気持ちにってこと？
C：おにたは黒豆になったとしたら、おにたはもうおにじゃないから、もうぼうしを置

いていって、…
C：黒豆にもしもなったら、なぜ消えた（強調）っていう問いはなんか違うなと…
C：①あの、まず、黒豆がおにたなのか、そうじゃないのかという答えなのか、問いなのかで全く変わってくる
T：どういうこと？
C：あの、黒豆がおにただったら、おにただったときと、おにたじゃなかったときで、全く答えが違う
T：黒板に板書しながら（黒豆を丸で囲みながら）、これが何かによって、変わるってこと？
C：②私は、Yが言って、考えが二つあると思って、黒豆がおにたじゃなかった場合だとびっくりさせたいとか、そういう考えが出てくるけど、おにただった場合は、Mがいったみたいに体の一部、ちがうこたえが出てくるから。

第1回の問い「どうしておにたは消えて、そこに黒豆があったのか？」の読みの交流の再燃のようだが、①の黒豆がおにたであるのか、そうではないのかによって、なぜ帽子を残し

たのかの答えが変わるという指摘は、「おにたのぼうし」の作品性に関わる指摘である。残したのか、残ったのかという問いも含みつつ、「おにたのぼうし」の空所が読み手に仕掛ける大きな謎である。その発言の前後では、子どもの戸惑いがつぶやきとなって表出していたが、②の発言は、問いが意味するところを整理したもので、これからの読みの交流基盤となるものである。子ども相互の交流のなかで問いの意味を共有できたことが序盤の価値である。

2 中盤～読みの堂々巡り

序盤のような問いの整理を受けて、子どもは次のような読みを表出する。強調されるのは女の子への優しさや忘れないでいてという願いである。

C：えっとぼくは、みんな黒豆に関係するって言っているけれど、ぼうしにもちゃんと意味があると思って、自分のことをいつまでもずっと覚えておいてほしいと思ったから、ぼうしを置いていって、いつまでも見たら、例えば、何年後とかに見たら、やさしくしてくれたなって。

C：私は麦わら帽子に黒豆が入っていたから、女の子に豆まきをさせてあげたいけど、ぼうしに黒豆が残るようにしたくて、麦わら帽子を残したんだと思います。
C：女の子に自分のことをいつまでも忘れないでねっていう風にしたくて、麦わら帽子を置いていったんじゃないかな。帽子をあげて、思い出として…。
C：あの、黒豆はおにただと思って、おにたは、あの、自分の身を犠牲にしても、女の子の、豆まきしたいっていう願いを叶えてあげたかったから、黒豆になったんじゃないかなって。

しかし、ここで違和感を覚えるのは、そもそもおにたにとって帽子はどういうものであったのだろうか。おにたが姿を消す直前に絞り出すようにつぶやいた「おにだって、いろいろあるのに。おにだって……。」はどう読めばよいのだろうか。女の子が最後に発した「さっきの子は、きっと神様だわ。そうよ、神様よ……」は、おにたにとって救いの一言だったのかなど、子どもの発言がどこかおにたの苦しい胸の内を素通りしてしまっているようにも感じるのである。だからといって、この場面で、子どもの意識を無理矢理にそちらに向けることは控えるべきで、子どもが自ら気付くことを「待つ」ことのほうが大事かもしれない。授業者の白坂先生も出ることなく子ども相互のやり取りに委ねている。しかし、そうこうしているうちに読みの交流は新たな展開に入る。突然というか、子どもにとっては必然だったのだろうが、前時の問いの決定で挙がっていたBの問い「おにたは、女の子のことをどう思っているのか?」とのつながりが話題として浮上する。

C：この間の、この間というか、昨日の、問いを決めるときにBの「女の子はどう思っているか」っていう問いがあったじゃないですか。
T：Bの問いっておぼえてる?言える人いる?
C：「おにたは、この女の子のことをどう思っているか?」
C：①それが、さっき、Yが言ってた、ずっと覚えておいてほしいっていう、Bの問いの答えが、Yの言った「ずっと覚えておいてほしい」っていう考えにつながるんじゃないかな。
T：今、Mが言ったのってつながりそう?（つ：はい、言葉が違うだけで、言いたいことは一緒なんじゃない。／うん。）
T：この問いってつながりそう?（本時の問いとBの問い）どうつながる?
C：○○と話し合ったんだけれど、全員、どう文章につながっているのか、わからなくて、どうつながるっていうのが、つながらないんじゃないかなと思っている。
C：今、Kが言ったのは、問いどうしは全く別だけど。
T：この2つは別だと
T：答えにしたら、おんなじだと。
C：答えにしては一緒になる。
C：完全に一緒ってわけじゃなくて、ちょっとだけ違うことはあるけど。
C：②「なぜ消える時に麦わら帽子を残したのか」っていうのは、詳しくしたりすると「おにたはこの女の子のことをどう思っているか」になっているような気がする。
T：どっちかの答えが、Bの問いがわかったら、その答えがヒントになる。
C：Bの問いの答えが、「なぜ消えるときに麦わら帽子を残したのか」っていう問いのヒントになる。
C：なぜ消えるときのが、Bの問いに入る意味がわからない。

①の発言でこれまでに何度か登場していた「おにたは、女の子のことをどう思っているのか」という問いが浮上し、おにたの女の子に対する思いと麦わら帽子を残した意味をつなげ

て読もうとしている。本時の問いとBの問いはつながるかで思考は巡り、②の発言で再整理を加えようとするが、なかなか子どもの理解が進まず、この後も「おにたは女の子のことをどう思っているかが、女の子に豆まきをさせてあげたいっていう気持ちで、なぜ、麦わら帽子を残したのかっていうのが気遣うって思っていて…」「女の子に自分のことを覚えておいてほしいっていうのが答えで、なぜ消えるときに麦わら帽子を残したのかっていうのは、答えは一緒だけど、右の答えはたくさんあるけど、左の答えは、なんか、右の答えの一部が女の子の、ちがったちがった、ずっと覚えておいてほしいっていうのは、その右の答えの一部で、左の答えの一部が、Bの1この答えが、ずっと覚えていてほしいっていう…」「気遣うっていうのが答えだとしたら、女の子の嬉しさとかサプライズとかっていうのはどうなんだろうかって」などの発言が堂々巡りを続け、着地点が見えない。

　では、こうした子ども相互のやり取りをどう解釈すればよいだろう。発言自体は非常に興味深い発言である。女の子への思いと帽子を残した（残った）意味を重ねて読むことは、「おにたのぼうし」の悲しみの深さ、思いを寄せながらも引き裂かれるおにたと女の子の現実にも向かっていくものだろう。しかし、子どもの目に映っているのは、おにたの献身的な優しさと、女の子へのこうあって欲しいという願いのようなものだろうか。悲しみの現実は子どものなかには広がっていない。帽子は、おにたが人間となるための道具であり、鬼である自分を否定する象徴でもある。その狭間に立って、鬼である自分は決して受け入れられることのない存在であり、それでも女の子のために自らを退治する豆となる優しさにはやり切れない思いが残るだろう。子どもの堂々巡りのなかにも悲しみの現実を感じ、声にならない声があったのかもしれない。まさに、ここでこそ「教師の出」が必要であったのかもしれない。それは、このように読むべきでも、このように読ませたいでもない、ともに読み合う一人としての語りかけとして、「そもそもおにたにとっての帽子ってどういうものなんだろうね」「女の子の前でも帽子は取れなかったのかな」と読み合ってみるということである。

3　読みの終盤～題名との関わり

本授業では、できる限り教師の介入は避け、子どもの自然な流れで読み合いを展開することを打ち合わせていたが、堂々巡りが続いたところで、2つの問いの関係の議論から、「みんなこっちで話し合っているけど、授業の最初の方では、なんでこれ（帽子・麦わら帽子）なんだろう？」と本時の問いに立ち戻るよう促している。

C：①最初はいいなと思っていたけど、この問いを考えてみて、この問いは文章から離れていて、題名は全体とは関係ないんじゃないかな。

C：（関係）あるけど、そこの麦わら帽子からは全体がわかるわけでは…。

C：②確かに今まで、やってきた物語って、なんか全部、題名の中にヒントがあるから。

C：考えてみるとない気がする。

C：お話を読んでから題名を考えたけど、最初に題名を見た段階で、「ぼうし」って言われると、「ぼうし」にもいろいろな種類があるから、その好奇心が残るようにしたんじゃないかな。そこに好奇心をもてるようにして、その後、他のことでも好奇心をもてるようにしたかったんじゃないかな。それが作者がやりたかったことなんじゃないかな。

T：そうなると、さっき話し合ったこと、こことずれない？さっきの話し合いでは、ここには意味があるんじゃないの？って。

C：お話のなかで多分だけど、お話のなかで黒豆の意味と、それはお話のなかの意味で、題名の方は作者の伝えたいことの意味で、なんか、意味が違う。

C：お話がなんか伝えたかったことと、題名がなんか伝えたかったことと。

C：Sが言いたいことは、おにたの麦わら帽子って最初っから言っていたら麦わら帽子ってわかっちゃうけど、おにたのぼうしだったら、ぼうしにはいろいろ種類があるから、どんな帽子なのか考えられる。

C：③おにたのぼうしっていうのは、おにた「の」ぼうしだから、題名としては、おにたよりも「ぼうし」を強調したんじゃないかな。

ここで立ち現れているのは、題名と本時の問いとなるおにたが帽子を残したこととの関係の吟味である。①の発言をきっかけに読みの交流が関係の吟味に向かい、②の発言では、これまでの物語の学習での読み方が再考される形となっている。この子どもの着眼は、方略的で非常に価値あるものである。しかし、交流の内容は、冒頭からの女の子への優しさと、覚えていて欲しいという願いという読みに引っ張られ、「おにたのぼうし」という作品のもつ不条理性が消されてしまう方向に読みが進んでいるようにも見える。先にも述べたように、おにたにとっての帽子の意味は深く、帽子だけの強調ではないことは明らかだろう。子どもの方略的な読みの態度が逆作用している。ただし、「おにたのぼうし」の作品性は、すんなりと子どもの読みを帰結させることなく、子どもの中に「なんかモヤモヤする」という感覚を残しているところに言葉の学びの価値が見出せるのではないかと考えている。

以上、読みの交流を序盤・中盤・終盤に分け、読みの交流の事実を追いかけてきたが、子どもは、自らが決定した問いを解き明かすために、さまざまな角度から読みに検討を加えている。問いを関連付けたり、題名に立ち返ったりしながら、子どもがこだわりの視点を見出していったとすれば、子どもは密度の濃い読みの交流をしたことになろう。しかし、それは作品性との関わりを抜きにしてということではなく、作品性との関わりを深めながらである。それを可能にするのが「教師の出」であり、子どもが読めていない箇所にどのように誘うかを子どもの視点で考えていかなければならない。読みの交流には、確たる正解があるわけはなく、違いを楽しむこと、違いを受け入れて再読することに価値がある。

本時の問いである「おにたは、なぜ消えるときに麦わら帽子をのこしたのか?」は、「おにたのぼうし」の根幹に関わる問いである。おにたが黒豆になったと解するとき、子どもが指摘するように服はどうなったのだろうか。服はおにたと一体であり、服も含めて黒豆となったのであれば、麦わら帽子はおにたとは一体のものではなく、分離された道具であり、そこに残した意味は、麦わら帽子との決別であり、隠す必要がなくなったからである。では、なぜ隠す必要がないのだろうか。おにたは黒豆となったことで消滅し、鬼であることを隠す必要がなくなったのか、それとも、鬼であることを隠さずに生きていくという意味で必要がなくなったのだろうか。考えれば考えるほど、おにたの苦しみや悲しみが胸に迫ってくる。それは同時に私たちが生きていくなかでさまざまに味わう苦しみや悲しみでもあろう。異なる読みに出会い、議論し、どこまで作品性に迫れるのかに読みの交流の醍醐味がある。

まだまだ検討が必要なことだが、一定の解釈に落とし込むべく教師の論理で読みの交流を進めてしまえば、子どもの国語学習への意識が自律的意識となることはない。教師の立ち位置によって、読みの交流はいかようにも変化し、ここで問うべきことなのか、時間を置いて振り返りの中で示すべきことなのかなど、子どもの言葉の学びのあり様を見極めてからの判断は教師の力量による。

「委ねる」は、「任せる（放任）」とは本質的に異なる。子どもを信じ託す行為である。実践の場面では、子どもに委ねつつ、状況や文脈によっては、協働的学習者として教師の視点を示すことも必要となるだろう。常に力動的な動きを見せる言葉の学びという場において、子どもの可能性と限界性を見極めることが課題となる。問いの決定によって意識された言葉の学びが読みの交流によって意味づけられることを大切にしたい。

4 子どもが問いを評価する
―「問い日記」に見る子どもの変化―

1 問い日記とは

子どもたちのリフレクションを促すために、授業で位置づけているのが、「問い日記」である。単元の第2次を「問い日記をつくろう！」と位置づけ、子どもの「学ぶ」に着目し、リフレクションに重きを置いた授業展開とする際、柱となる言語活動である。

「問い日記」は、問いと日記、それぞれの機能を掛け合わせてできた言語活動である。小山（2021）らは、問いがもつ機能として「問題を意識化する」「学びを駆動する」という機能があるとしている。また、日記は本来、家庭学習などでも用いられているように、子どもたちにとっては馴染みのある言語活動である。日記には、自己を対象化して、メタ機能として学びをふり返ることができるとともに、自己の思いの表現（発露）や記録としての機能を持ち合わせている。

「問い日記」を用いた省察における主な観点は以下の通りである（写真1）。

写真１　「問い日記」省察の観点

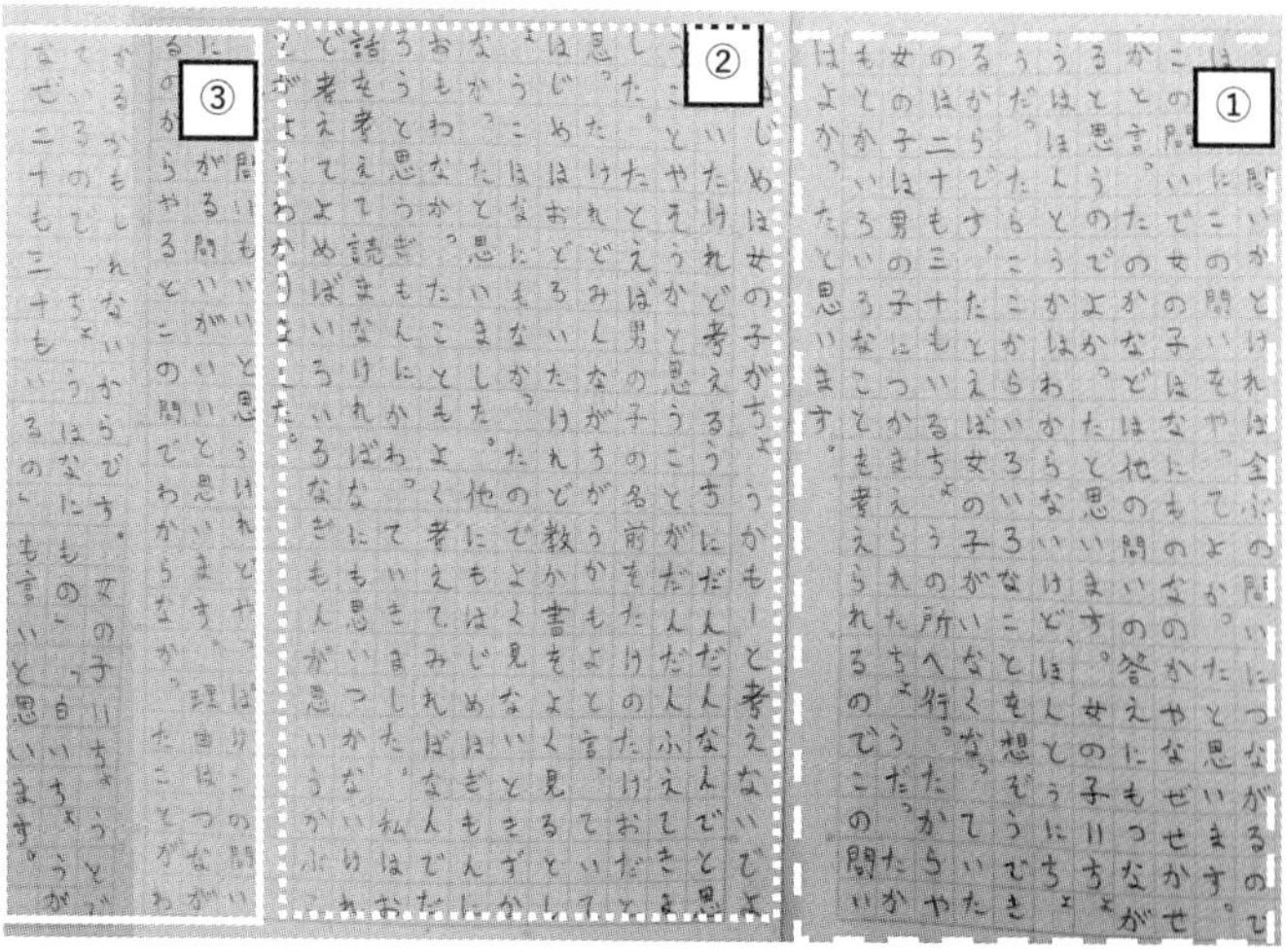

①
問いの評価
問いはよかったか、その理由

②
読みの方略の価値づけ
問いによる新しい発見はどんなことだったか、学べたこと

③
自己の思いの表現
次はどんな問いで考えたいか

まず、「① 問いの評価」では、自分たちが立てた問いはよかったかどうか、評価とその理由についてまとめていく。当然、「よかった」という評価もあれば、「よくなかった」という評価もある。例えば、「よかった」という評価の場合、「ここについて考えることができたからよかった」「この問いで、別な問いもわかった」など、問いを通して物語のどこに目を向けることができたか、問い同士のつながりなどが評価されていく。一方、「よくなかった」という場合、「もう少し、ここについて考えることができたらよかった」「この問いでは、この部分についてはわかったけれど、あの部分についてわかる問いではなかった」など、問いを評価することを通して、物語のどこに目を向けていけばよかったのかという新たな着眼点が示されるとともに、問い同士の結びつきをより意識する自覚化が働いていく。つまり、いずれの評価の場合も、理由をまとめるなかで、子どもたち自らが授業を省察し、学びの自覚化が働いていくのである。

次に「読みの方略の価値づけ」では、自分たちが立てた問いでの読み合いを通して、新しくわかったことや発見はどんなことだったか、学べたことについてまとめていく。ここでは、例えば、「人物同士の関係を図でまとめることで、お互いがすれ違っていることがわかった」など図表でまとめることのよさ、一文に着目して読むことで多様な解釈が生まれることのよさなど、子どもたちの読み合いの経験が、読みの方略として明らかになってくるとともに、「～がわかった、わかりやすかった」や「～がよかった」など子どもの言葉で価値づけられていくだろう。

最後に「自己の思いの表現」では、次はどんな問いで考えたいのかとその理由についてまとめていく。「問い日記」の①、②の観点をまとめることを通して、問いでわかったこと、まだわからないこと、新たな目のつけどころが明らかになってくる。理由のなかには、例えば、「今回は物語の最後の部分の問いだったから、今度は題名の問いで考えたいと思った」など、次の問いへの思いが表れるとともに、「今度の問いでみんなのいろいろな考えを聞くことができたから、次の問いでも、みんなのいろいろな考えが聞けそう」など、次の問いへの期待が表現されていく。

学習者である子どもたち自らが問いを立てて、それをもとに読み合い、考えを交流するからこそ、ふり返りとしてまとめる「問い日記」では、自分事として学びのプロセスをとらえていくのだといえる。

問い日記が授業後の感想と大きく異なるのは、①問いの評価と、②読みの方略の価値づけが入っているという点である。「問いづくり」の位置づけによって、子どもの側の学びに即して読みの授業を展開することができるとともに、「問い日記」によって、本時の問いのよかった点、その読み方によって新たな発見はあったかを学習者自身で振り返り、まとめていくことになり、学びの自覚化へと導くことができる。学習者による「問いづくり↓読み合い↓問いの評価」という一連のサイクルを、第二次では2～3サイクル行うことにより、学習者である子どもたちは何を学びたいのか、どのように学びたいのかに目を向けつつ、物語を読み深めていくことができる。また、ここで学びとして身につけた観点は、他の学習材を読む際にも働いていくのである。

ここからは、日頃から国語学習に対して主体的な取り組みが見られるA児と、国語学習に対する苦手意識が見られるB児を取り上げ、国語学習への意識の変化を追ってみたい。

まず、A児の問い日記である。問いの決定後にどのような交流が生まれるかを予想した記述と併せて問い日記の振り返りを示す。

○A児の予想と振り返り

〈問い1　どうしておにたは消えて、そこに黒豆があったのか?〉

予想　おにたが黒豆になったというい見がでてきそうです。なぜかというと、おにたの体が黒いからです。それから黒豆がとうじょう人物というい見もありそうなかんじがします。①このといはなんかいろいろなことが分からないので楽しそうです。

振り返り

このお話はハッピーエンドじゃないのでそのかなしさをできるだけ分かってもらえるようにしたんだと思います。「氷がとける」というたとえもかなしさをつたえるはたらきをしているとおもいます。②このといは女の子の思いがよくわかります。女の子もやはり「おにはわるい」ときめつけていますが、やさしいおにたはさいごまでやさしくできたので女の子は豆まきできてうれしい気もちだったと思います。だから私はこのといにとてもかんどうしました。

〈問い2　もうすこし明るく終わってもよかったのでは？〉

予想

おにたがどうしてきえたかたねあかしがあったほうがハッピーエンドだしおもしろくなると思います。③だから話がもりあがりそうです。こんどのじかんでどうやったらハッピーエンドになれるかを話し合いたいです。

振り返り

もう少し明るく終わってもよかったのではないかというといで私はこのままでよかったと思います。なぜかというと、かなしくした方がおにたの気もちがよく分かるからです。おにたはとてもやさしいので、ずっとやさしくしていたのにそのおかえしがなくて悲しいという思いを作者は伝えたかったと思います。④このといはおにたの気もちがくわしく分かってよかったです。そしてこのといからおにたはそうとう悲しかったことがわかります。たぶんおにたは悪いものあつかいされてとてもくやしかったはずです。この考えもこのといのおかげです。だから私はこのといにとてもかんどうしました。

〈問い3　なぜ消える時に麦わらぼうしをのこしたのか？〉

予想　私はこの問いを見て「麦わらぼうし」というところに目をつけたことにかんどうしました。なぜかというと麦わらぼうしということに目をつけたことがないからです。⑤このといからわかることは麦わらぼうしをのこしたことによって何がお話にえいきょうしてくるのかということだと思います。次の時間では「ぼうし」という言ばが入っているだい名やお話のえいきょうについて考えたいです。

振り返り　今日、⑥この問いでおにたの気もちがさらによく分かりました。なぜかというとぼうしはおにたの気もちをつたえる役目をはたしているように見えたからです。このぼうしは黒豆をかくすことでおにたがどれだけはずかしがり屋なのかを伝えるのと同時に、女の子へのサプライズもしかけています。だから私はこのぼうしの役目にとてもかんどうしました。⑦だから私はこの問いはとてもよかったと思います。この問いのおかげでぼうしの役目とおにたの気もちがどうじに分かったので感心しました。

まず、A児の予想を見ると、どのような読みが交流されるかという予想とともに、③「どうやったらハッピーエンドになれるか」、⑤「麦わらぼうしをのこしたことによって何がお話にえいきょうしてくるのか」のように、決定した問いをさらに焦点化した問いが見える。問いを自らに引き寄せ、期待やこだわりが生まれていることがわかる。

交流後の振り返りでは、②④⑥⑦のように、問いの価値付けが行われている。問1では「よくわかった問い」だったが、問2では「くわしくわかってよかった問い」となり、問3では「さらによくわかる」「とてもよかった問い」となっている。問いに対する評価が上がっているが、交流の充実度もさることながら、子どもが問いの設定スキルを学び、問いへの意識が強化されてきていることが推察できる。問いが子どもの読みのひっかかりとなり、リフレクション機能を働かせながら言葉の学びを広げているといえるだろう。感動や感心という言葉も目に付くが、こうした主体的な学習の新鮮さもあるのかもしれない。
では、B児については、問い日記からどのような変化が認められるだろうか。

○B児の予想と振り返り

〈問い1　どうしておにたは消えて、そこに黒豆があったのか？〉

予想　①自分はこの問いを楽しめると思います。なぜなら、この問いはいろいろな答えがあって、答えも文章の中に書いていず自分のそうぞうがすべてだと思うからです。今度のじゅ業は今回と同じでとてももり上がり、いろんな意見が出ると思います。

振り返り　ぼくは、黒豆の正体はおにただと思います。なぜなら、氷がとけたように、急におにたがいなくなりました。という部分の後に女の子がまだあったかかった黒い豆を見つけたからです。黒豆がまだあったかかったのはおにたの女の子を最後まで思いやるあたたかい気持ちがあったからだと思います。

〈問い2　もう少し明るく終わってもよかったのでは？〉

予想　ぼくは、「もう少し明るい終わり方もあったんじゃないのか？」という問いは②とても楽しめる問いだと思います。なぜなら作者の意図を深く考えられるからです。この問いの話し合いはとても色々な考えが出てくると思います。

振り返り　ぼくは今回の問いについてこのままがいいと思います。なぜならおにたの自分をぎせいにしても女の子のねがいをかなえるところに読者を感動させることができるからです。また、この問いの良い所は、おにたのせいかく、おにたにとって人を助けることが幸せだということ、おにたの自分が悪者と思われていても人をたすけたいところが伝えられることがこの問いの良い所だと思います。他にはモチモチの木の主人公の豆太と同じで、きっかけから勇気がでていることもわかります。ですが、豆太は悲しい恐ろしい気持ちで勇気がでましたが、おにたの場合は、おににもいろいろあるという思いが伝わらなかったくやしさから勇気が出たのできっかけはそれぞれちがうこともわかりました。

〈問い3　なぜ消える時に麦わらぼうしをのこしたのか?〉

予想　今回のじゅ業できまった「どうして、ぼうしをおとして消えたのか?」という問いは楽しめる問いだと思います。なぜなら、この問いは前の問いとにている「まとめの問い」だと思うからです。お話の題名にもおにたのぼうしと書かれているのでぼくはそう思いました。ですが、⑤話し合いは、いがいにすらっとかんたんにとけると思います。なぜならもう前回や前前回の問いでヒントがたくさんでていると思うからです。たとえるなら、⑥しょうぎで相手の「王将」以外のこまをたおせているのに「王将」をたおせる最後の一手が打てない感じです。

振り返り　今日、⑦この問いは、おにたの女の子への気持ちを考えることができるので、とてもよい問いだと思います。おにたにとってのぼうしは、おにである自分をかくす道具です。でも、おにたは困っている女の子を助けたいと思って、自分がおにだとばれてしまってもかまわないという勇気とやさしさで、自分が黒い豆になって、女の子を助けたのだと思います。そしておにであることをかくす必要がなくなったおにたにとって、ぼうしはもういらないので、おいていったんじゃないかと思います。

B児はそもそも国語学習に対する苦手意識を抱え、これまでの国語の学習では積極的な取り組みは見られなかったという。しかし、B児の問い日記をたどってみると、国語学習に対する苦手意識は感じられず、むしろ、問いによって生まれる予見の意識は①②④⑤を見ても、

「なぜなら」と理由付けが付され、「答えも文章の中に書いていず」「作者の意図を深く探れる」「まとめの問いだと思う」など分析的で、⑥の将棋の比喩は感覚的なものだけではないように感じられる。また、交流後の振り返りでは、③「おにたの自分をぎせいにしても女の子のねがいをかなえるところに読者を感動させることができる」や⑦「おにたにとってのぼうしは、おにである自分をかくす道具です。でも、おにたは困っている女の子を助けたいと思って、自分がおにだとばれてしまってもかまわないという勇気とやさしさで、自分が黒い豆になって、女の子を助けたのだと思います。」のように、作品の仕掛けや作品性に深く関わる記述が認められる。問い3の読みの交流で懸念されたおにたの悲しみの深さや悲しみの意味がB児の問い日記からは伺えるのである。

A児、B児、いずれの子どもにも顕著なのは、問いへの自律的・方略的意識が働いていることである。言葉の学びを自らで創っていこうという学習姿勢は、読みの交流のなかにも現れている。

学習後にはインタビューも試みたが、B児は、1回目と2回目の問いの違いについて、「違いと言えば、あの、どれくらいまとめているか。あの、1つ目は、お話の一部にしか、ことを全体をしようとしたんですけれど、2つ目は、全体のことをしたまま、考えられる感じですね。1番目は一部を中心に、2番目は全体を中心に全体を考える。」と答えている。A児は、2回目と3回目の問いの違いを「2回目のもう少し明るく終わってもよかったのではっていう方は、ハッピーエンドかどうかを考えていて、こっちの麦わら帽子を残したのかっていう問いはまた別で、黒豆の正体とつながっている感じ。こっち（2回目）は終わり方の方で、こっちは場面は同じだけど、見ている点が違って、こっち（3回目）は見ている点が麦わら帽子。こっちは見ている点が終わり方。」ととらえている。2人の子どもとも、3つの問いと問いによる読みの交流を比較しながら問いの特質を考え、学び方として活用しようとしていたことがうかがえる。同時に、こうした学習経験は、日常の言語生活にも広げていける視点の獲得ともいえるだろう。日常の読書においても、子どもはさまざまな疑問をもちながら読書を楽しんだり、幅を広げたり、日常に活用したりしている。リフレクション型国語科授業は、むしろ、日常の言語生活に近い形の学習と言えるものである。

そのなかでも、問い日記は要の位置にあり、言葉の学びを意味づけたり、次の言葉の学びへの起点となったりする。いかに振り返りを充実したものにするかによって、問いの設定も、読みの交流も大きく変化していくだろう。「決定した問いは価値ある問いだったか」というところが大枠だが、振り返りの観点としては、先に示した通り、次の3つが重点である。

観点①　決定した問いでどんな読みを発見したか。
観点②　どんな読み方でその読みを発見したか。
観点③　次はどんな問いで読みの交流をしたいか。

「価値ある問い」といっても子どもによってさまざまで、感覚的に「この問いはよかったな」「よくなかったかな」という直観（感）的な判断があるだろう。そこで大事にしたいのは、何がどうよかったのか、よくなかったのかという点をどういう事実でとらえているかということである。その具体として示したのがこの3つの観点である。新たな読みと出会い、作品性に迫っていく感覚はとても楽しいし、そういうものを読みの交流のなかで発見できた喜びは、子ども同士の関係性まで深めていくだろう。それをどういう読み方で発見できたのかを自覚できれば次への転用も可能になり、方略的な意識を国語学習意識の中に取り入れることができるようになる。さらに、読みが確かになればなるほど、価値ある問いがより多く誕生していくだろう。この3つの観点を、問いの評価の原則として、子どもの評価意識のなかに育てていきたいと考えている。

もちろん、これを低学年からそのまま提示して、評価させるわけではない。子どもの読みの実態や発達に応じて示し方は工夫されなければならないし、主体的な読みの取り組みのはじめのころ、読みが主体的になってきたころでは、観点の示し方も異なってくるだろう。今後の実践研究の重要課題の一つである。また、問いの評価では、個々の振り返りを記述するだけでなく、どのような振り返りができるか、問いをどう評価するかを検討したり、教師からのフィードバックを示し、より着眼すべきポイントを学んだり、リフレクション型国語科授業のサイクルを有効に機能させていく振り返りが求められる。

問い日記に見える国語学習への意識の変化からは、言葉の学びを子どもに委ねてよいのだということよりも、むしろそうすべきなのだという声が聞こえてくる。

5 子どもが学習をまとめる ―テーマ作文の比較と総括―

本単元の最終はテーマ作文である。これまでの言葉の学びを子どもが自らテーマを決めてまとめるのである。問いではなく、テーマという形で子どもが目標を設定する。

子どもが設定したテーマは、「おにたとわたし」「おにたのやさしさ」「もし自分がおにだったら」などがある。どのようなテーマが設定されるかを事前に予想したが、ほぼ想定したものと同じで、おにたと自分とを関わらせるテーマがほとんどである。ここでは、国語学力の側面からC児とD児のテーマ作文を比較し、これまでのリフレクションのはたらきに想像を巡らせながら言葉の学びを再考してみたい。まずは、C児の作文である。

○C児のテーマ作文

「おにたのやさしさについて―私とおにた―」

私はこのお話を読んだ時に、なぜおにたはこんなにやさしいのか、と考えました。なぜかというと、人間におには悪いと決めつけられているのに、せんたく物を家の中にうつしたり、くつをピカピカにしたり、そしてさいごは黒豆をおいていったり、どれもみんながよろこぶ事でした。悪いと決めつけられても、みんなにやさしくするおにたの強くてやさしい心におどろかされました。

①中でも、一番おどろいたのは黒豆をおいていったことです。もし、おにたが黒豆になったとしたら、自分の体まで使って相手をよろこばせようとしているなんてすごいと思いました。そして、黒豆をおいていったとしたら、自分のにがてな物を相手をよろこばせるためによういしてあげようとする勇気に感動しました。

②もし、私がおにただったら黒豆もおいていかないで消えていたと思います。しかも、おには悪いと決めつけられていたら、このお話すら始まる前に消えていたと思います。③私とおにたが友だちだったら、はじめは、にげてしまうかもしれないけど、すぐに仲よくなっていったと思います。もしそうだったら私はどんなに幸せだったか、考えてしまいます。ちなみに私は幸せだったと思います。なぜかというと、④こんなに、やさしい友だちは、このおにただけだと思うし、おにと友だちだったら、おにの話や学校

の話などいろいろな話をすることで、知らなかったことが知れて、話している間はさくらがまんかいになったように、にぎやかだと思ったからです。

C児は、①「自分の体まで使って相手をよろこばせようとしているなんてすごい」と、自己犠牲を払ってまで女の子を思うおにたに心を動かし、②「もし、わたしがおにだったら」とおにたと自分を比べ、「このお話すら始まる前に消えていた」と自己分析を見せている。③「もしそうだったら（おにたとなかよくなっていたら）どんなに幸せだったか」と素直な思いを表し、④「こんなに、やさしい友だちは、このおにただけだと思う」と語っている。C児の中で常におにたの言動に問いをもち、友達という立ち位置でおにたとの関係をイメージしていることがうかがえる。

しかし、おにたが鬼であることを目の当たりにしたとき、先入観なしに、本当におにたと友達になれたであろうか。それは誰にもわからないことで、C児自身にもわからないことなのかもしれない。一つだけ確かなことは、おにたの「おにだって、いろいろあるのに。おにだって……。」という言葉は、C児の心の中に響き、鬼であるおにたを受け入れる自分を描いているということである。「さくらがまんかいになったように」という表現には、節分の夜との対比で、C児の理想が詰まっているようにも思う。

C児がこうした思いを醸成できたのは、自律的に読みを進めてきたことの証でもある。問いの意識がなければ読みの交流もC児のなかで作用することはなく、自分との関りを描くこともない。C児にとっての学びは、言葉に関わり、なりたい自分を描く学びである。では、続いて、D児のテーマ作文である。

○D児のテーマ作文

「おにたとわたし」

わたしはこの文を読んで色々な感じょうが出てきました。たとえばかなしいな、びっくりしたなぁと思ったりしました。わたしが一番感じょうで思いが強かったのは、びっくりしたことです。①どうしてかというと人間からはわるものあつかいされているのにやさしくするのだろうとびっくりしたりさいご消えてしまった所でも、一番びっくりしました。

②つぎにふと思ったのはもし自分がおにただったら人間のせかいにいくじてんでゆう気がひつようです。もっと考えるとなぜそこまで人間にやさしくするのか？がぎもんに思えてきました。「おにたのぼうし」を見たらふつうはやさしいはずかしがりやにしか思えないけれど、③この文をもっともっとふかく考えるとおにたって本当はとてもゆう気があるおになのではないかと思います。

④だからわたしもおにたみたいにやさしくてゆう気のある人間になりたいです。この文をよんでゆう気ってたい切なんだなぁと思いました。たぶんそう思えたのはさくしゃの作せんだと思います。

わたしはあまんきみこさんはこの文を読んだ人にゆう気とかやさしさの大切さを学んでほしかったのかなと私はそう思っていました。

この文は三年のさいごに読んでよかったと思っています。このゆうきやさしさをもとにして4年5年6年でゆうきややさしさをわすれずにがんばってやっていきたいと思います。本当に三年かんありがとうございました。

D児は、C児と同様で、①のように自己犠牲を払ってまでやさしくするおにたに驚き、②「もっと考えるとなぜそこまで人間にやさしくするのか？」という疑問が生まれている。③「この文をもっともっとふかく考えるとおにたって本当はとてもゆう気があるおになのではないか」では、おにたを優しさだけでなく、「勇気」という見方でとらえているところにD児の生活が見えるようである。同時に、④にはC児と同じくなりたい自分を描いているが、こうした思いに至った要因を「さくしゃの作せん」としており、国語学習への意識の高まりを感じることができる。続く段落には「あまんきみこさんはこの文を読んだ人にゆう気とかやさしさの大切さを学んでほしかったのかな」とあり、D児の中に作者が想定されていることがわかる。読者が作者を想定し、作者と対話しながら読むことは、今後の読書生活において有益に働いていく実践知である。

作文の冒頭に「この文を読んで色々な感じょうが出てきました。」という一文に集約されているように、D児は、「おにたのぼうし」を読んで、おにたの優しさに感動するだけでなく、おにたの悔しさや悲しさなどのさまざまな感情を感じたのだろう。そこに自分自身を重ね、作者と対話し、自分自身にもエールを送っているようである。きっと、私たちにもとらえ切れない子どもの世界がそこにあるように思う。

以上のように、C児とD児のテーマ作文を見てきたが、二児の作文を比較したとき、文章の運びや表現に差異は見られるものの、読みに関して学力上位や下位の差異はさほど感じられない。むしろ、国語学習に対して、いずれの子も作品と自分との接点を見出し、読み方を意識している点は、学習成果として認めることができる。

6 リフレクション型国語科授業のススメ

本実践だけですべてを物語ることはできないが、少なくとも本実践のなかで、子どもの国語学習意識に確かな変化があったことは事実として確認することができる。子どもが問いを決定し、子ども相互で対話し、子どもが学びを評価する「子ども主語」の国語科授業が機能して言葉の学びが展開されることを実証できたのではないかと思う。では、こうした言葉の学びの展開にもっとも影響したものは何だったのだろうか。「おにたのぼうし」の作品性然り、子どもの素晴らしさ然りだが、もっとも功を奏したのは、言葉の学びのサイクル化だと考えている。

単元の構成は、第一次で課題設定、第二次で課題追求、第三次で課題解決という流れが一般的で、振り返りは毎時間ごとや単元の終わりに行われる。しかし、本授業では、問いの設定、読みの交流、問いの評価を繰り返し、課題設定・追求・評価を循環させる学習展開である。このことによって、子どもの課題意識や方略意識が強化され、結果として言葉の学びを保障することができたのではないかと考えている。言葉の学びのサイクル化は、コンテンツの習得よりも、学び方の習得に力点を置いた学習展開である。

しかし、本実践のサイクルを固定化し、すべての単元の学習展開に当てはめることは避けなければならない。問いの設定の仕方にしろ、サイクルの回し方にしろ、交流の仕方にしろ、本実践では原形を示したのみで、「子ども主語」の国語科授業のバリエーションの開発はこれからである。課題設定を問いに限定せず活動が位置づくこともあるだろうし、さまざまな学習空間を演出することも考えたい。当然のことだが、主体的な言葉の学びのはじめのころ、主体的になってきたところでは展開は異なる。そこで、教師はどのような支援をするのか、「教師の出」の問題は古くて新しい課題として横たわっている。

子どもの声にいかに対応していけるか、「子どもの論理」に立って授業づくりを考えようとする私たちにとっては、もっとも中心となる問いかけである。しかし、対応の仕方というと外形的なことにばかり目を向けてしまうと、たちまち子どもの声から遠ざかってしまうというのも常だろう。遠心的な構想として従来の発想や方法にとらわれない学習環境デザインを考えていくとともに、求心的な構想として、言葉を学ぶ学び方を中核目標として、リフレクションが機能する国語科授業の変革を描いていきたい。

そして、最後にもう一つ。遠心と求心をつなぐ教師の力量形成である。子ども主語の実現には、子どもの言葉の学びを見守る力や見極める力がこれまで以上に求められるだろう。子どもの学びにつかず離れず、伴走者としてともに探究していく関わり方は、教師の論理に立っている限り絶対にできない関わり方である。教師に答えがあると子どもに思われてしまえば、子どもの学びはそこで終わる。

リフレクション型国語科授業は、美しく整った授業ではない。問いが問いを生み、わからなさをさ迷い、わからなさをわかったうえで必要な答えを見つけていく授業だろう。そこには、教師を超えて学ぶ子どもの姿がある。

引用・参考文献

田中実（2001）「メタプロットを探る『読み方・読まれ方』」田中実・須貝千里編『文学の力×教材の力　小学校編3年』教育出版
牛山恵（2014）「神になった鬼の子―消滅に求めた生の尊厳」田近洵一編『文学の教材研究―〈読み〉のおもしろさを掘り起こす』教育出版
松本修・西田太郎（2020）『〈問い〉づくりと読みの交流の学習デザイン』明治図書
ジョン・スペンサー A・J・ジュリアーニ／吉田新一郎訳（2020）『あなたの授業が子どもと世界を変える』新評論
小山義徳（2021）・道田泰司編『「問う力」を育てる理論と実践　問い・質問・発問の活用の仕方を探る』ひつじ書房

第2章

「子どもの論理」でつくる
これからの国語科授業

1 「子どもの論理」とリフレクション
―学びを主体化するリフレクション―

第1章で述べたとおり、リフレクション型国語科授業は、リフレクションを言葉の学びの原動力とし、リフレクション機能を最大限に生かすことで、「子ども主語」を実現しようとする授業構想である。

本章では、第1章で骨格を示した「リフレクション型国語科授業」について、それを支える要素や理論についてあらためて示し、その価値を確認する。


リフレクションが有効に機能し、子どもを主体化するものは何であろうか。子どもの論理に即して考えれば、やはり子どもの主体的行為の核となる「問い」に着目したい。

問いは、子どもの内側に生じる不足感や違和感の発露である。問いは、すべての学びの起点となり、学びを駆動する力をもつ。また、それぞれの問題意識が集まり、互いの問いが刺激され、協働生成されることで質の高い問いとなる。そうして一つの問いが次の問いを生み、連続していくことによって、エッセンシャル・クエスション（本質的な問い）へと向かっていくのである（白水、小山2021）。

さらに、問いの主体的選択やそれに基づく学習は、子どもの学習意欲や探究的態度を育て、子ども自らが学習内容を取り込み、学び方を獲得すると言う。「子どもの言葉で問いを創る授業」を展開する鹿嶋真弓・石黒康夫（2018）は次のように述べている。

子どもたちは、問いを創る授業の中で、どのように問えば、何がわかるのかなどを経験的に学びます。子どもたちは、自分が創った問いを解決するために、教師や他の子どもたちと対話します。その対話の中で、自分とは異なる視点や考え方、価値観にふれることで自己内対話がさらに深まります。子どもたちは問いを解決するために、新たな知識や技能を学ぶかもしれません。ただし、ここで学ぶ知識や技能は、いままでのように、教師から与えられるものではなく、自らが求めたものとなるのです。（38頁）

問うという能動的な行為によって、学び方の実践知を高め、教科内容を自ら獲得していく様子を描くことができる。こうした学びを裏付けるものとして、マルザーノ（2013：11

図1　行動のモデル

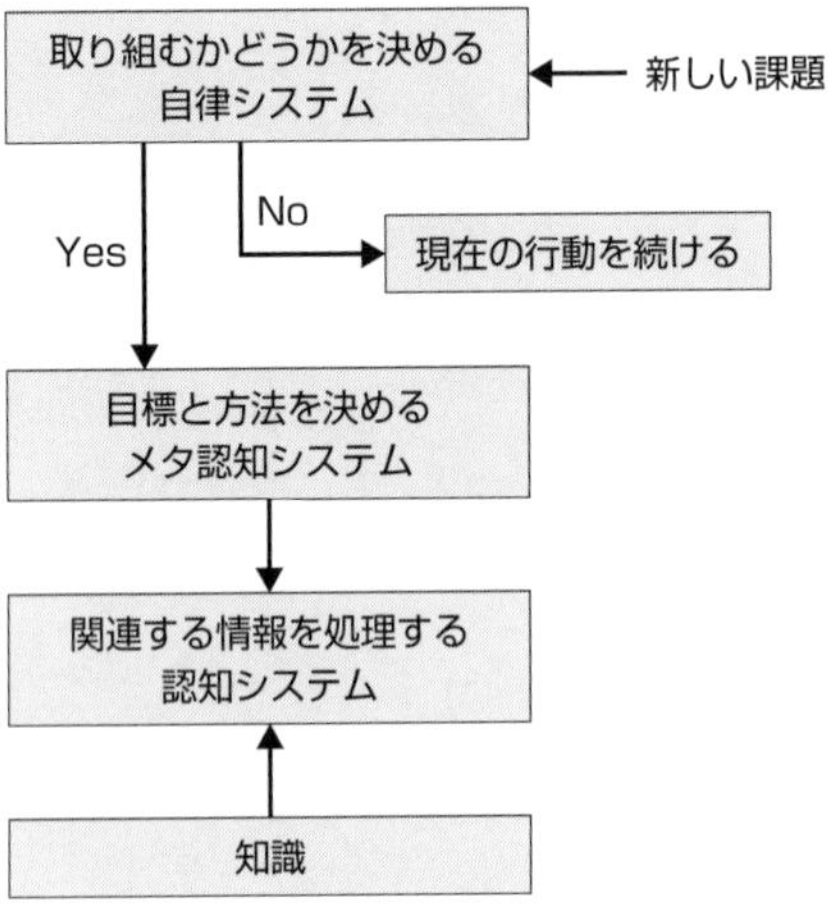

ページ）の「行動のモデル」を挙げることができよう（図1）。人が「新しい課題」に出会ったとき、自律システムが最初に働き、取り組むか否かを判断する。取り組む必要があると判断した場合、メタ認知システムが働き、目標と方法を決め、その後に認知システムが働き、関連する情報を処理する。各システムのレベルは、レベル6を自律システム、レベル5をメタ認知システム、レベル1～4を、認知システムとし、認知システムのレベルを次のように定めている。

レベル1　取り出し
レベル2　理解
レベル3　分析
レベル4　知識の活用

子どもが何をどう学ぶかを決め、自らの必要感や必然性に従って学びを創り出すことは私たちの理想であろう。子どもが問い、子どもが自らの問いの答えを導き出し、さらに子どもが問う学びである。これこそ「子ども主語」の学びであり、「子ども主語」だからこそ、自律・メタ認知・認知システムが発動し、知識が駆動し、学びが成り立つのである。常に教師の問いかけによってしか知識は動かず、問われた答えを探すことに終始するのであれば、その学びはどこか受動的で、自律的な学びを描くことはできない。

以上の先行研究を踏まえ、リフレクション型国語科授業では、子どもの主体的行為としての問いを中心に学習を構想する。それは、それぞれが問いをもつ、問いをつくることに留まらず、それぞれが抱いた問いを共有し、問いを協働で生成し、決定する。次に、その問いで読み合ってみる。それぞれの読みを表出し、新たな読みの可能性を探究するのである。読み合い後は、自分の読みをまずは整理し、読み合いの問いを評価し、さらなる問いを決定する。こうした国語学習サイクル（3ページ参照）をリフレクション型国語科授業の基本モデルとして考えている。

また一方で、「子どもの論理」とは、子どもの側から生じる学びの必要感・必然性に裏打ちされた学びの文脈のことである。指導者側の文脈、社会的要請の文脈など、さまざまな文脈が学びには交差するが、子どもの学びの文脈を中心に据えてこそ、「子ども主語」の国語科授業は実現する。それは、国語科という教科の枠組内に留まらず、広く子どもの日常や他分野での学びを含めて、言語生活者としての思考・行動を促すものと考えている。その起点となるのがリフレクションである。

細川大輔（２０１９）は、振り返りの重要性について次のように述べている。

> 学習指導要領改訂の背景にあるのは、グローバル化し、変化が急になった現代に対応することにある。そこで重要なのは教師が提示した問題に一生懸命取り組むような態度ではないと考える。自らの活動を振り返って何が問題なのかを発見し、次にどうするべきかを考えたり、自分の学習方法を振り返って、次にどうすべきかを考えたり、自分の感情を振り返って困難な問題に失敗を恐れずに挑戦しようとしたりする態度こそ重要だ。（11頁）

つまり、大事なのは、自分が学びにどう向き合ったかであり、何をしたか、何ができたかという事実や現象の確認からさらに進んで、なぜそういう行為に至ったのか、なぜそういう考えが生まれたのかを顧みることである。

例えば、「こまを楽しむ」（光村３年）の学習では、７段落の「ずぐり」の事例検討を授業の中心課題として展開し、次のような〈本時の振り返り〉がある。

> ７段落は、筆者がくふうして書いたのだと思います。だからひつようです。７段落は、ほかのこまとはちがって、雪の上というこまを回すのにはむずかしい場所で回すこまでした。「こまを楽しむ」という題名にもつながっているし、さまざまなくふうをしているということにもつながっていました。筆者が最後に「ずぐり」を書いたのは、このこまがとくべつだからさい後に書いたのだと思いました。しょうかいするじゅん番も大切だと思いました。
>
> せつ明文は、つながりやまとまりがとても大切だと思いました。（傍線は稿者）

段落相互の関係を図で表現し、評価することを単元のねらいとし、問いと事例の対応、事例とまとめの対応を見ていくことはもちろん、本時のように地方特有のこまである「ずぐり」に着目することで、事例列挙の順序性や筆者の思いにも読みが向かっている。事例の順序の変更を検討したことも功を奏しているようである。

また、「ごんぎつね」の物語の重要な文ランキングづくりによる「単元の振り返り」では、「この単元で付いた力（次に使える力）」を振り返りの観点として、次のような記述がある。

> わたしは、「ごんぎつね」で、読み方が大きく変わりました。物語の一文には、いろいろな意味があると分かったからです。はじめは、「ごんはいたずらをしたから最後に殺されてしまった。でも、悲しいお話だ」としか思っていませんでした。文の意味を考えていくと、「ごんはひとりぼっちでさみしいからいたずらをしていたんだ」「加助の言葉はお話が成り立つ重要な言葉だ」「初めの一文にはまだまだ続きがあった」と、一文一文の意味を知り、お話には大切な文があるんだとわかるようになりました。大切な文を考えて深く読むことができたと思います。それにつないで、物語のクライマックスや伏線、周辺人物の役割や設定の大切さが分かりました。深く読めると勉強が楽しかったです。（傍線は稿者）

本単元では、よく見られる場面読みは行わず、常に物語全体を読みの対象とし、子どもが取り上げた一文の重要さをスケーリングしながら読みを交流した。その交流のなかに、子どもの読みの再考につながる視点を示し、ごんと兵十の関係や物語の構造を、子どもが明らかにしていく読みを展開している。兵十の転換点の一文「ごん、おまいだったのか…」、冒頭の伝承性を物語る一文「これは、わたしが小さいときに…」などが取り上げられ、最終的には、「『ごんぎつね』大切な一文ランキング」が個々で作成されている。

こうした子どもの振り返りを見ると、共通しているのは自らの学びを分析しているということである。細川（2019：8-9頁）は、分析対象として「結果・プロセス・感情・変化」を挙げるが、学びを俯瞰的に省察し、自らの学習行為と結果がどのように作用し合ったかを分析することによって、自分の学びを推進する力を得ることができるのである。こうした振り返りの蓄積によって、学習への意欲や学び方への意識が大きく変質していくことは想像に難くないだろう。

さらに、リフレクション論で注目したいのがドナルド・ショーンの「行為の中の省察」（リフレクション・イン・リフレクション）という考え方である。ショーンのリフレクション論では、行為の中で、今の状況を把握し、自分の行動を見直し、修正を図る源流をリフレクションととらえている。行為の遂行中に、状況と対話し、自らの知を生み出していくもの、それがリフレクションなのである。

私たちが何かを為そうとするとき、自分の考えを表出するところで自問自答を繰り返し、他者と対話する中で自分の考えを吟味し、困難な状況に出会えば、状況を分析し対応策を考え、新たな発想に出会えば、行為を修正する。どこかに用意された正解があり、そこに辿り着く感覚ではなく、常にその状況における正解を自らが導き出し、行為を創り出していくのである。まさに実践の中で知が磨かれていく感覚である。私たちが一人の言語生活者として言葉の問題と遭遇したとき、どう言葉の力で状況を改善するか。言語活動を遂行するなかで、私たちの主体が問われているのである。

先に「こまを楽しむ」「ごんぎつね」の学習での振り返りを事例として示したが、この二実践は、リフレクション型国語科授業の前進ともなるTKFモデル(注)の国語科授業である。TKFとは、「つくって(T)」「語って(K)」「振り返る(F)」という語呂のよいリズムだが、Tで思考を可視化し、Kで対話し、Fで省察するという学習活動をベースとしたモデルである。言語活動を中心に据えながらも、能動的・省察的に学習を進め、言葉の学びをトータルプロデュースしていく点に特徴をもつ。Tの言語活動の設計に関しては、①教師がTを設計する、②教師と子どもでTを設計する、③子どもがTを設計するの形があり、Kの対話では、教師が対話活動をコーディネートし、問題を焦点化する。Fの振り返りでは、Tの修正（つくり直し）を行い、変化の要因を分析し、次の学びへの進展を図る。

こうした一連の流れを示したものが図2だが、TKFは、常に連動しながら学びを創り出している。この連動性は、言語活動であるT（つくって）を主軸として担保されるというのがこれまでの考えである。しかし、リフレクションの考え方を取り入れていくとき、常に子どもはリフレクションしながら学びを創造している。また、そうなるように学習環境をデザインしていくのが教師の仕事である。TKFモデルは、一見すれば学習の活動モデルだが、自問自答しながら思考を可視化し、対話のなかで自問自答を繰り返し、振り返って言葉の学びを意味づけていくとすれば、学習の省察モデルと言うこともできるだろう。言語活動の設計ありきとなってし

図2　TKFモデル

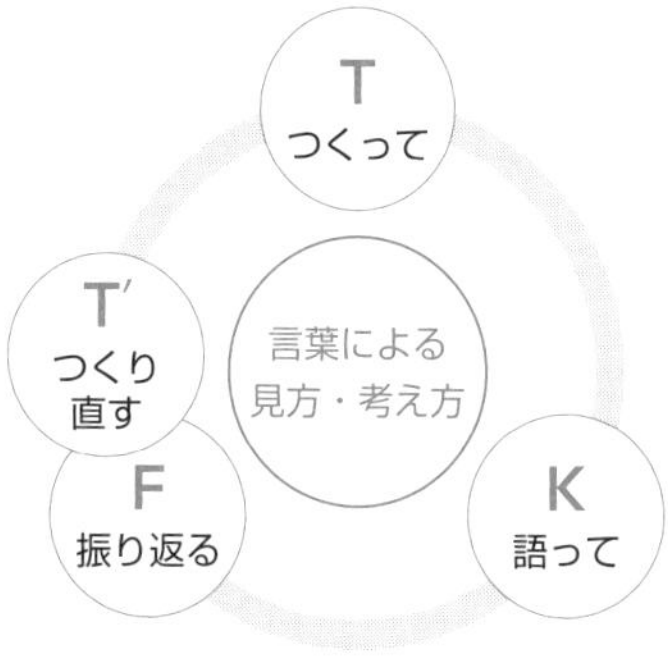

まうのではなく、リフレクションによって柔軟に修正し、ときに後退し、ときに前進していくほうが自然であり、どのような結果となっても、失敗の意味、成功の意味を見出していくことに価値を置きたい。

ただし、ここで気を付けておきたいのは、行為後のリフレクションとショーンのリフレクションは別物ということではないということである。佐伯胖（２０２２：16ページ）は、以下のように述べている。

ショーンのリフレクション論では、「リフレクション」はあくまで「行為の中で」(in action) 行為の有り様を検討・吟味するものであり、行為する「現場」に身を置いての思考であることを強調している。そのことをショーンは「行為の中の省察 (reflection-in-action)」とか「実践の中の省察 (reflection-in-practice)」と述べているが、そこでの「の中の (in)」というのは、「その場に身を置いて (situated-in)」という意味である。この場合、リフレクションをする時期（タイミング）が行為の真っ最中か行為実行の後かは、リフレクションの内容にそれほどの違いはない。いずれの場合も、「その現場に身を置いての」考察である。

つまり、始まりから終わりまで、終わってからもリフレクションなのである。学びはリフレクションによって進展する。

では、こうした「行為の中の省察」といったリフレクションが生まれるには、何が必要なのだろうか。「リフレクションしましょう」と呼び掛けてリフレクションが開始されるような単純な話ではない。行為中も行為後も「その現場に身を置いて」となるには、行為に対する子どもの自発性や自分事という意識が何よりも大きなウエイトを占めてくるだろう。与えられた課題、強いられた活動では、自律的な学習意識など働くはずもなく、「子どもの論理」で学習を組織していくことによってしかリフレクション

図3　主体性のタキソノミー

自治（変革人：エージェンシー）	社会関係を創りかえる	出口の情意
	対象世界を創りかえる	↑
人間的成熟（なりたい自分：アイデンティティ）	軸（思想）の形成	↕
	視座の高まり	↕
自立（探究人：こだわり）	自分事の問いの生成	↕
	問いの生成	↕
学び超え（生涯学習者・独立的学習者）	思考の習慣（知的性向）	↕
	関心の広がり	↕
学習態度（自己調整学習者・知的な初心者）	方略的工夫	↕
	試行錯誤	↕
積極性（内発的動機づけ）	興味・意欲	↓
受身（外発的動機づけ）	外形的参加	入口の情意

は起こり得ない。裏を返せば、リフレクションがよく働いているということは、学びが主体化し、「子どもの論理」で学習が組織されているという証でもある。リフレクションは、学びを主体化する原動力であり、「子どもの論理」は、行為の中の省察によって、より明確な意識として働いていくのである。

図3に示したものは、石井英真（2020）が示す主体性のタキソノミーである。子どもの学びへの主体性（意識変化）が詳細に示されており、まず、入口の情意では、外発的な動機付けや内発的な動機付けなど、私たちがよく耳にする学習意欲が位置付けられている。そこから、子どもの学びの態度が試行錯誤となり、学び方にも意識が向き、教師の想定した学びを超えていく様相や、自分事の問いを生み出し、学びを自ら構成し、成長していく姿がイメージできる。

こうした主体性の変化を引き起こしていくのは、やはり、リフレクションの力である。子どもが対象に働きかけたときの直観や違和感にこれまで以上に耳を傾ける必要と、子どもの声をいかに学習に反映させて「子どもの論理」を描くかが鍵となるだろう。

注　ＴＫＦモデルは、上田信（二〇一三）が提唱するプレイフル・ラーニングから生まれた学習活動のプロセスモデルである。本モデルを国語科授業に取り入れ、組み直したのが国語科ＴＫＦモデルの授業である。解説や具体の実践は、香月正登・大澤八千枝『小学校国語科「ＴＫＦモデル」で創る説明文・文学の授業プラン』明治図書、二〇二二年に詳述している。

2 新たな国語科授業の枠組み ―言語生活者としての「学び方」を学ぶ―

リフレクションを言葉の学びの中核ととらえ、「子ども主語」の国語科授業を実現したいと考えている。もちろん、これまでの国語科授業においても、子どもが学びの中心者となるようさまざまな指導が試みられていることは承知している。言語活動の開発然り、教材のしかけ然り、発問や板書の工夫然りである。しかし、発問一つとっても、教授学の枠組みから抜け出すことは困難で、「気付かせよう」「わからせよう」という教師側の意図が透けて見えてしまう。学びを触発し、対話が生まれ、子どもが教材の文化的価値に向かうよう導ければよいが、教師の教える意識は根強い。教えることを否定しているのではないが、あまりにも指導事項ありきで、子どもはどこにいるのだろうかと疑問に思うことも多い。発問という指導技術を使っている限り「子ども主語」の学びは誕生しないのではないかとさえ思う。結局のところ、振り返りで問われるのは、教師の働きかけへの順応性と指導事項の習得で、振り返りは形式的に過ぎていくのである。

では、リフレクションが機能する「子ども主語」の国語科授業とはどのような授業なのだろうか。まずは、「子ども主語」の国語科授業を目指す問題意識(注1)である。

・国語科授業に、「学習者をどこに向けて育成していくか」という視点だけでなく、「学習者がどうなりたいか」という視点を取り入れる。

・〈国語学習でなにを目指したいか〉〈なにを学びたいか〉〈どのように学びたいか〉などの学習者側の声に耳を傾ける。

・学習者が、教材の内容への意識よりも、国語学習によって育まれる言葉の力への意識がもてるようにする。

・教える立場か学ぶ立場かという二分法ではなく、教師と学習者とが相互作用し合うダイナミズムの中で国語科授業を展開する。

いずれもがこれまでの国語科が求めてきたものだが、未だ実現できていないことばかりである。「子ども主語」は、どこかスローガンで本当の意味では追求しきれていない課題なのだろう。竜田徹(2014)は、「これまでの国語教育目標論のなかでは、学習者重視は論じられても、国語学習の営みに即してどのようにすれば学習者を重視したことになるのかという点は明らかにされてこなかった。ここに、〈国語離れ〉や〈国語嫌い〉を生み出してきた原因があるのではないだろうか。学習者重視はある意味で建前にとどまり、国語教育にほんとうには位置付いていない。」（28頁）と述べている。このことは、これからの国語科授業づくりにおいて極めて重要な指摘だと受け止めている。

「子ども主語」で学びを展開するということは、教師は教える人、子どもは教えられる人という関係性から脱し、教師と子どもの関係を子どもは学ぶ人、教師はともに学ぶ人と役割を変えていくということでもある。これまでも「子どもの論理」で学びを創ることに関して、教師の立ち位置を問題にしてきたが、(注2) 教師が「教える側の論理」に立つか、「学ぶ側の論理」に立つかで、学びの様相はまったく異なるものになる。それは教えることを放棄することではなく、教師の教えたいことと、子どもが学びたいことを響き合わせることである。教師が「子どもの論理」に乗って教えたいことを示すことができれば、子どもは教師の教えたいことを求め、自分の学びを再考し、より豊かで確かな学びを創るだろう。時として、子どもの学びは、教師の想像した学びをはるかに超えていくかもしれない。

教師も子どもともに「責任」をもって学ぶこと、それに勝るものはない。「子ども主語」の学びは教師の責任であり、子どもも責任をもつ必要がある。「子ども主語」で学びを構想すれば、自ずと次のような学びが要件となるだろう。

【「子ども主語」の国語科授業の要件（主体化の４要件）】
①子どもが言葉の何をどう学ぶかを決める。
②子どもと教師がともに言葉を探究する。
③子ども相互で言葉の本質について対話する。
④子どもが言葉の学びを評価する。

こうした学びを子どもが主体者となって展開していくことによって、言語生活者としての自律が描けるのではないかと考えている。特に①の「子どもが言葉の何をどう学ぶかを決める」ことは、教師にとっても勇気のいることで、本当に子どもに委ねることができるかは、「子ども主語」の分岐点となる。

国語科教育では、初発の感想（一次感想）を手がかりとして、そこでの疑問や感動をもとに学習課題を設定したり、その後の指導過程を工夫したりする試みが行われている。しかし、初発の感想から生じた疑問や感動が価値ある課題であるという保障はなく、子どものさまざまな問題意識をすべて扱うことは困難である。また、長崎伸仁（２００１）は、初発の感想からの課題づくりについて次のように問題を指摘する。

学習者主体とは名ばかりで、これまでにも、初発の感想文で、また、課題作りの段階で、学習者が考えてみたい、深めてみたいと思っていることを教師が、どれほどまでに生かすことができたのであろうか。…（中略）…学習者のこだわりをある面、指導者側の論理でもって無視ないし放擲してきたことも事実であろう。（88-89頁）

ここに見られるのは、教師側の意図による学習課題設定の問題である。教師が子どもの学びを想定した目標を学習目標と呼び、子どもが取り組む活動や問いを学習課題とするが、そこで必要なことは、学習課題を子どもが自らの目標として受け入れているか、そこに、必然性や必要感が生じているかである。学習の方向性は教師が示すとしても、子どもに目標設定（課題設定）を委ね、教師による目標との相互作用を主体的な学びとして描きたい。

さらに、言葉の学びが「子ども主語」の学びとなるために考えたいことは、「話すこと・聞くこと」「書くこと」「読むこと」といった言語領域を超えた学びを展開することである。

それは、各言語領域を横断的・総合的に学ぶということではなく、言語領域の枠組みを超えた目標に向かって学ぶということである。言語生活者として、言葉とどう向き合い、どう関わっていくかという「学び方」を中核目標とした「子ども主語」の学びである。

確かに各言語領域の方略（いわゆる指導事項）を学ぶことは、言語生活への適応において非常に価値あることである。しかし、方略を学ぶことを目標にしてしまうと方略習得に力点がかかり、方略習得のための学び方となってしまう。学習展開はそうなっていないとしても、教師の意識はどうしても方略習得に向かってしまうか、活動に流されてしまうかのどちらかである。言語能力か、言語活動かという構図そのままである。

私たちが本当に求めたいものは、言葉を学ぶ意欲と、いかに言葉を学ぶかという学び方である。それさえあれば、自ずと言語活動を展開し、言語方略を実践知として身につけていくだろう。たとえ、言語方略の習得が遅々としていても、言葉に関わり続ける、学び続けるということがどれだけ大事かを私たちは経験的に知っている。もっと言葉の学び方本位の国語科授業があってもよいのではないか。談話生活にしろ、文章生活にしろ、読書生活にしろ、根幹は「言葉」なのである。言葉を学ぶために習慣的にどのような思考を重ねていくかにこそ、言語生活を拓く力があると考えている。

図4　言葉を学ぶ習慣的思考を中核目標とした国語科授業

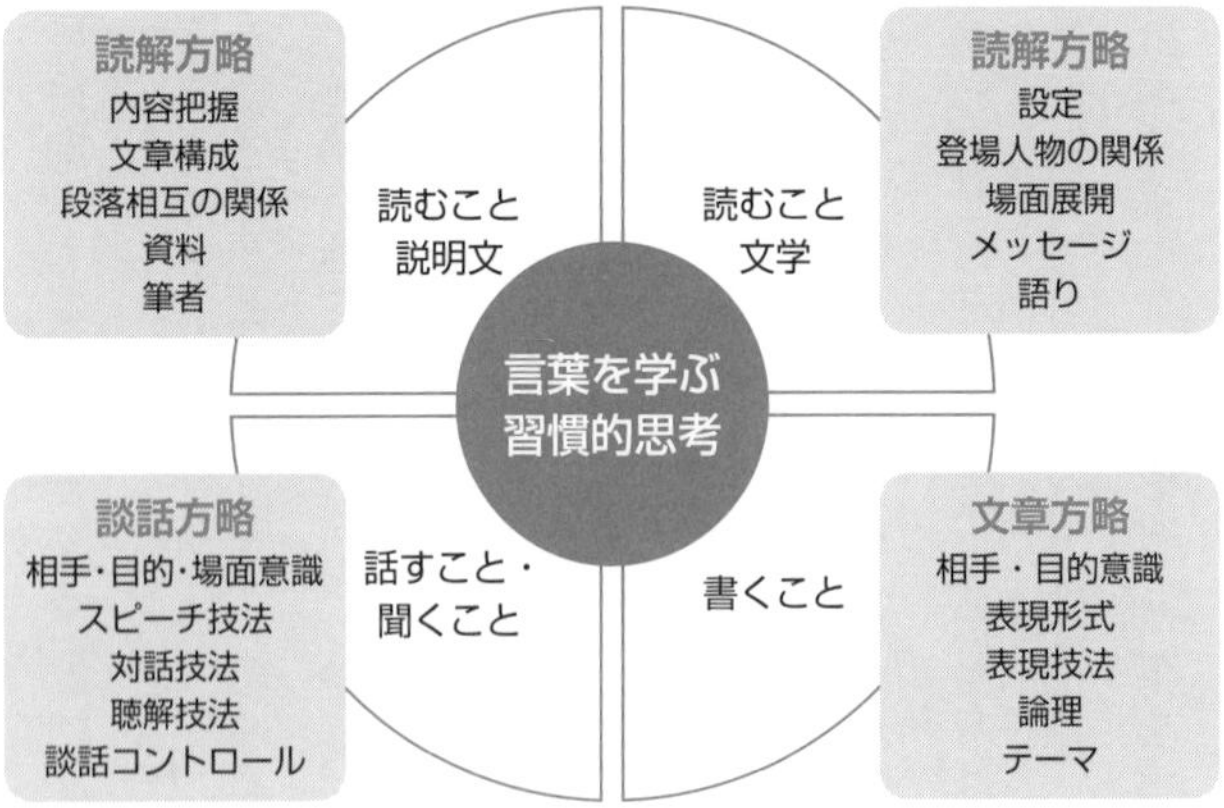
読解方略
内容把握
文章構成
段落相互の関係
資料
筆者
読むこと
説明文
読むこと
文学
読解方略
設定
登場人物の関係
場面展開
メッセージ
語り
言葉を学ぶ
習慣的思考
談話方略
相手・目的・場面意識
スピーチ技法
対話技法
聴解技法
談話コントロール
話すこと・
聞くこと
書くこと
文章方略
相手・目的意識
表現形式
表現技法
論理
テーマ

まだまだ粗々な考えだが、言語領域に分断されることなく、言葉を学ぶ習慣的思考(注3)を中核目標として位置付けた国語科授業を構想してみたい。その枠組みを表したのが図４である。

外側には、各言語領域で育みたい方略を配し、中心には「言葉を学ぶ習慣的思考」を位置づけている。中核目標は学び方を実践知として身につけていくことであり、その過程で言語方略を活用し、習得することを考えている。よく基礎的知識・技能を習得した後にそれを活用することが期待されるが、ほとんどの場合、そのようなことは起こらない。むしろ、問題場面に出くわし、なんとか対応しようと試したり、調べたりして、基礎的知識や技能を活用し身につけていくのが私たちの日常である。そして、この「なんとか対応しようと」するところに働くのが学習意欲であり、学び方である。
では、その学習意欲や学び方を「言葉を学ぶ習慣的思考」として括っているが、具体的にはどのようなものを想定しているのだろう。今後さらに整理・検討を加えていかなければならないことを承知して、仮説的に以下のように設定している。習慣的思考のカテゴリーは〈当事者意識〉〈他者との対話〉〈省察〉〈態度・信念〉である。

〈当事者意識〉言葉との接点を見つける

・言葉を楽しむ
・言葉に違和感をもつ
・言葉に問いをもち、問題提起する
・言語生活の課題を探す

〈他者との対話〉言葉の世界を広げる

・五感を使って言葉を集める
・理解と共感をもって言葉を受け止める

・言葉の正確さや精度にこだわって言葉を届ける
・互いの関係をよりよくする言葉を見付ける
・異なる角度や視点から言葉を吟味する
・言葉の世界を想像・創造する

〈省察〉 言葉を意味づける
・言葉の学びを調整する
・言語スキルを活用したり創出したりする
・言葉の学びを分析する
・自分を支える言葉を見付ける

〈態度・信念〉 言語生活を築く
・言葉に責任をもつ
・言葉を学び続ける
・言葉の世界を拓くチャレンジをする

・言葉の力を信じる

「当事者意識」が核で、言葉と私（自己）との関わりが、言葉の学びの出発点であり着地点である。当事者性を中心とし、「他者との対話」で言葉の学びを広げ、「省察」によって言葉の学びを深めることを想定している。こうした言葉の学びを言語生活にどのように生かしていけるかは、「態度・信念」によるところが大きい。言語生活のなかで蓄積される態度・信念によって、さらに言葉を磨き、言葉で自己・社会・文化を創造する。

こうした学びへの主体性を重視することは、一方で教師にとって不安なことである。子どもに何をどう学ぶかを委ねることや、言語方略の獲得は主ではなく、学習意欲や学び方を主とすることで、本当に国語科の学力保障は叶うのかという問題が付きまとう。しかし、リフレクションを学びの中核としたとき、常に自分の言葉への関わり方、学び方を修正し、やがては、言葉を自分の内に取り込み、想定を超えた学びを成していくという確信がある。リフレクションによって、言葉への学びの意識が強化されていくからである。

子どもは学びを委ねられたとき、多様な方法で言葉に関わろうとする。そこには没入もあれば異化もあり、レベルが高いとか、低いとかは極論すれば二の次の問題だろう。子どもの言葉への関わり方に関心を向けてマネージメントしていくことが教師として重要なことで、子どもは自分の必要感・必然性に応じて言葉の学びを広げていくのである。

以上、本節では、リフレクション型国語科授業として、「子ども主語」を実現するための4つの学び（主体化の4要件）と、子どもの主体が生きる国語科授業の新たな枠組み及び言葉を学ぶ学び方（習慣的思考）の具体を提示したが、まだまだ未知のものである。こうした構想によって、リフレクションがどこまで機能するのか、子どもの国語学習意識がどのように変化するのか、そもそも国語科授業として成立するのかなど、実践を通して見極めていかなければならないことは多い。しかし、子どもを主語として学びの要件を示したことで視線の向き方が変わり、目標の置き方が「読み取ることができる」「書くことができる」「スピーチすることができる」から、「問いをつくり、見通しをもつことができる」「言葉が届くように、工夫を重ねることができる」「振り返りでの気付きを生かし、言葉の学びを続けることができる」に変わることで、子どもの学びが見えるようにもなるだろう。共同実践のなかでは、すでに実践者の先生方からは、そのような報告もいただいており、教師の力量形成にも通じるのではないかと考えている。教師も子どももともに学び手となっていくのである。

注1　香月、白坂が「子どもの論理」で創る国語授業研究会（略称：子国研）を発足させた折より一貫して共有している問題意識である。

注2　佐伯（2003）は、教師の立ち位置が「教える側」にあるか、「学ぶ側」にあるかで、内容や学説、実践上の手続きなどすべてが異なることを指摘している。教師の立ち位置には、教授者、助言者、促進者、協働者などさまざまである。白坂洋一・香月正登（2022）『「子どもの論理」で創る国語科授業スキル』明治図書にも示している。

注3　言葉を学ぶ習慣的思考は、ベナ・カリック　アリソン・ズムダ／中井悠加・田中里紗・飯村寧史・吉田新一郎訳（2023）『学びの中心はやっぱり生徒だ！「個別化された学び」と「思考の習慣」』新評論に学び、「思考の習慣」（28―29頁）を国語科に置き換えてアレンジしている。

引用・参考文献

白水始・小山義徳（2021）「質問研究の意義」小山義徳・道田泰司編『「問う力」を育てる理論と実践　問い・質問・発問の活用の仕方を探る』ひつじ書房

鹿嶋真弓・石黒康夫（2018）『子どものつぶやきから始める主体的で深い学び　問いを創る授業』図書文化

マルザーノ・ケンドール著／黒上晴夫、泰山裕訳（2013）『教育目標をデザインする授業設計のための新しい分類体系』北大路書房
細川太輔・成家雅史（2019）『主体的に学習に取り組む態度を育てる！ 小学校国語 振り返り 指導アイデア』明治図書
佐伯胖（2022）「リフレクションと「問いづくり」」『教育研究№1450』筑波大学附属小学校 一般社団法人 初等教育研究会
石井英真（2021）「第69回初等教育全国協議会（オンライン）／広島大学附属小学校」講演発表資料
上田信行（2009）『プレイフル・シンキング 仕事を楽しくする思考法』宣伝会議
上田信行・中原淳編著（2013）『プレイフル・ラーニング ワークショップの源流と学びの未来』三省堂
竜田徹（2014）『構想力を育む国語教育』溪水社
長崎伸仁（2001）「指導者側の指導理論と学習者側の学習理論の溝を、どのようにして埋めればよいのか」国語教育探究の会『国語教育探究』第14号、80-89頁
佐伯胖（2003）『「学び」を問い続けて―授業改革の原点』小学館
香月正登（2023）「主体化する国語科授業の構想～主体化の4要件の具体化を目指して～」梅光学院大学子ども学部『子ども未来学研究第18号』、28―37頁

第3章

リフレクション型国語科授業の実際

「白いぼうし」（教科書全社・4年）

1 ● 学習材について

物語「白いぼうし」は、タクシー運転手の松井さんを中心人物としたシリーズ作品で、『車のいろは空のいろ』に収められている。作者は、あまんきみこさんである。

この物語は、偶然見付けた「白いぼうし」の中の蝶を逃がしてしまったタクシー運転手の松井さんが、代わりにぼうしの中に夏みかんをしのばせると、不思議な女の子と出会うファンタジー作品である。

教材の特性は、次の3点を挙げることができる。

【教材の特性】
◇ファンタジー構造

◇「すれ違う」登場人物同士の関わり
◇題名「白いぼうし」の意味

(1) ファンタジー構造

本学習材を読むにあたって、ファンタジー構造は押さえておきたい点である。物語では、松井さんが白いぼうしに夏みかんをしのばせた後、タクシーに戻るとおかっぱのかわいい女の子が後ろのシートにすわっている。また、小さな団地の前の小さな野原でバックミラーを見ると、さっきまでいた女の子が急にいなくなるなど、松井さんにとって不思議な出来事が起きる。

「注文の多い料理店」(宮沢賢治)や「つり橋わたれ」(長崎源之助)では、「風」が鍵となって、ファンタジーへの入口と出口が明確に描かれている。しかし、「白いぼうし」では、明確には示されていない。その効果もあって、「女の子」の正体をめぐっては多様な読みが交錯する。この物語の入口と出口としては、「夏みかん」に注目したい。現実の世界には、夏みかんのにおいがのこっているところに特徴がある。

(2)「すれ違う」登場人物同士の関わり

物語では、不思議な出来事とともに、松井さんが、男の子の驚く様子を想像しながら、白いぼうしの中に夏みかんをしのばせ、「ふふふっ」と笑っていたり、結末部分では、後部座席に確かに座っていた女の子の姿が消えて、菜の花のたくさん咲いているところで「よかったね」「よかったよ」とかすかな声を聞いたりするなど、微笑ましい場面が描かれている。

しかし、松井さんを中心とした登場人物同士の関わりは、つながりのあるものかというと、決してそうとは言えない。たけのたけおくんや蝶(女の子)との関わりで描かれているのは、「すれ違い」でもある。

難波氏は、田中実・須貝千里編『文学の力×教材の力 小学校編4年』において、松井さんと他の登場人物との関係について、次のように解している。

その夏みかんは、しかし、男の子にあげられてしまう。ちょうの損失のための補填として。けれども、男の子が失ったちょうは、夏みかんでは補填できないことは松井さんも分かっているだろう。夏みかんは、かたちとしては、松井さんと男の子とをつなげた。しかし、二人は会話をかわすことはないし、夏みかんは決してちょうのかわりにならない。二人はすれちがったままであった。
夏みかんの匂いはたしかに、車の中に残っていた。後で乗り込んだ女の子は、しかし、その匂いについて一言も言及していない。それだけでなく、二人はぎこちない会話に終始している。心の通いあいどころではない。

松井さんは、逃がしてしまった蝶の代わりに夏みかんをしのばせている。物語では描かれていないが、たけおくんにとってみると、驚きとともにショックであったに違いない。また、たけおくんにとって「白いぼうし」は、網がわりとなる蝶をつかまえるための道具にしかすぎなかったものの、蝶（女の子）にとって、「白いぼうし」は暗くて逃げることのできない檻のような存在であったに違いない。さらに、蝶にとってみたら、松井さんは命の恩人であるが、その一方で、松井さんにとってみたら、蝶を逃がしてしまったことは失敗であったといえる。松井さんと、たけおくんや蝶（女の子）との関わりは、つながり、重なり合うとは言い難い。

ただ、松井さんのとった行動そのものは優しさに溢れたものといえるだろう。夏みかんは決して男の子の蝶の代わりにはなり得ないとしても、どちらも自然のものであり、そのときに一番大切なものであったといえる。たけおくんにとっては、そのときに一番大切だったものとしての蝶であり、松井さんにとってみたら、「これはレモンのにおいですか」で始まる紳士との会話にもあるように、田舎の母親が送ってくれた、そのときに松井さんが一番大切にしているものとして夏みかんとの交換であったといえる。

物語「白いぼうし」で描かれているのは、「松井さんのやさしさ」のみならず、「失われていく自然へのやさしさ」でもあるといえよう。「行っても行っても、四角いたて物ばかりだもん」とつかれた声で、松井さんに話す女の子（蝶）は「失われていく自然の象徴」としてとらえることができるだろうし、この物語の中心人物である松井さんは、その不思議な出来事に出合う、いわば「立会人」としての役割を果たしているといえる。

（3）題名「白いぼうし」の意味

先に挙げたとおり、題名の「白いぼうし」は、蝶（女の子）にとっては「檻」であり、たけのたけおくんにとっては「虫捕り網の代わり」であった。登場人物によってそのとらえは異なるアイテムであるとともに、登場人物同士の関わりを紡ぎ出す装置の役割を果たしている。題名が「夏みかん」でなく、なぜ「白いぼうし」なのか、その意味は学習者である子どもたちとともに考えたい点である。

2 ● 単元の構想

本単元では計3回の**「問いづくり→読み合い→問いの評価」**のサイクルを展開した。そこで立てた問いは次の通りである。

1回目の問い：なぜ、元気な男の子が近づいたとき、女の子はせかせかと「早く行ってちょうだい」と言ったのか？

2回目の問い：「よかったね」「よかったよ」は、だれがいって　なぜくり返されたのか？

3回目の問い：なぜ題名は「白いぼうし」なのか？

子どもたちが立てた問いと教材分析を合わせると、図1で示すように重なる部分が多い。例えば、1回目に立てた問いは「女の子＝ちょう」ではないかとファンタジー構造をとらえた上での女の子の心情に迫る問いである。2回目に立てた問いは、結末部分に着目した問いで、中心人物である松井さんが取った行動の意味づけに迫るものだといえる。また、3回

●単元の目標

○文章全体の構成や内容の大体を意識しながら音読することができる。

○松井さんや女の子の言動への着目、場面の比較を通して、登場人物の関わりをとらえることができる。

○登場人物の言動と白いぼうしの意味について考えをめぐらせ、思いや考えを伝え合おうとする。

●単元の構成（全10時間）

第一次　「白いぼうし」を読もう！……………………………… 2時間

・「白いぼうし」を読み、読後感を交流する。

・物語の設定とファンタジー構造を確認する。

第二次　問い日記をつくろう！…………………………………… 6時間

1セットの流れ　×3セット

・問いをつくり、問いの選択・検討をする。

・問いをもとに、「白いぼうし」を再読する。

・問いを評価し、問い日記をつくる。

第三次　私を語ろう！……………………………………………… 2時間

・「白いぼうし」を読んで、自分の考えや経験、感想を書き、交流する。

・学んだことをどう活かしていくか、学習の振り返りをする。

図1　子どもたちの立てた問いと教師の教材分析の重なり

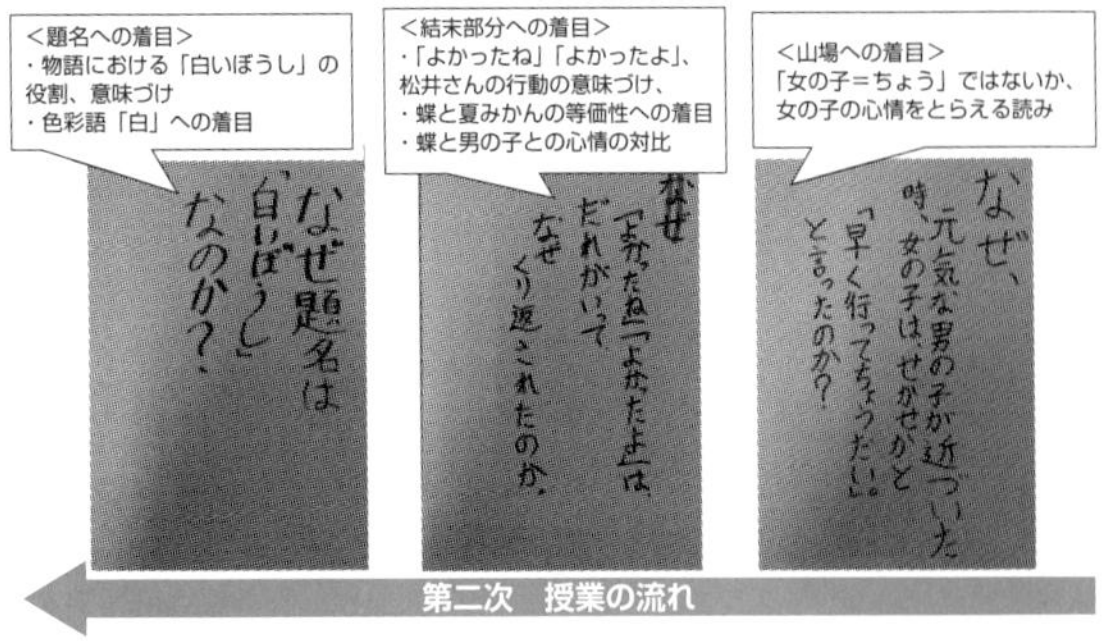

目に立てた問いは、題名「白いぼうし」の意味に迫る問いである。問いの変化に着目すると、「山場→結末→題名」へと「部分の問い」から「全体の問い」へと発展していることが分かる。**「問いづくり→読み合い→問いの評価」**のサイクルを繰り返すことによって、学習者である子どもたちは問いを解決しながら、新たな問いと出合うという「問いの解決↔発見」を往還しながら読み深めているといえるだろう。

3 ● 授業の実際

ここからは①問いづくり、②読み合い、③問いの評価の場面に焦点を当て、授業の実際を紹介していく。

①問いづくりでは、1回目の問いづくりを取り上げる。子どもたちが本文を読み、どのように1回目の問いを立てていったかについてそのプロセスを紹介する。

②読み合いでは、2回目と3回目の様子を取り上げる。1回目の問いづくりと読み合いを通して、子どもたちが2回目や3回目では物語のどこに着目して、問いを立てているのか、さらには、2回目を受けて、3回目の読み合いではどのような読みを展開しているのか、その質的な変化を示すことができると考えたからである。

③問いの評価については、1回目から3回目まで、さらには第三次でまとめているテーマ作文を取り上げる。子どもたちが問いをどのように受け止め、読み合い、それを評価し、さらには、その評価を受けて、どのような問いを立てることへとつながっていくのか過程を示すことができると考えている。

(1) 問いを立てる

問いづくりでは、「みんなで読み合いたい問いをつくろう」と、次の2つの条件で問いをつくっている。

> **(ⅰ) 本文からはずれない**
> **(ⅱ)「―は―か」という問いかけの文の形にする。**

学習者である子どもたちが自分たちで問いを立てることができるということは、学習材の要所に着目することができているということである。また、自分たちで立てた問いを出発点として教材の特性に迫っていくことができるということでもある。

しかし、ここで気をつけなければならないのは、問いを「立てる」という行為である。学習材を読んで疑問に思ったところや不思議に思ったところ、わからないところをただ「問い」として出し合ったとしても、そこにはただ問いを「つくった」という事実だけしか残らない。友だちと話し合いたい、友だちの考えも聞いてみたい、読んで楽しみたいといった他者との対話を通した問いの協働生成が必要になると考えている。そこには選択・検討・決定という要素が関わる。本実践でも問いの選択・検討・決定には多くの時間をかけている。学習者である子どもたちが問いを立てるからこそ、読み合いの主体もまた学習者主体になる。

本学級の子どもたちは、自分たちで問いを立てて読むということが初めてであった。1回目の問いづくりでは、4人グループの班で問いを立てることを行った。みんなで読み合いたい問いを出し合い、グループで1つの問いを立てること、各グループから出された問いを学級全体で話し合い、そこから次時の問いを1つ決定するようにした。

各グループからは、次のような８つの問いが候補として出され、学級全体で検討された。

①なぜ女の子がいなくなったのか？
②白いちょうはなにものなのか？
③松井さんはなぜ小さな団地の小さな野原にいたのか？
④女の子はなぜ急に消えたのか？
⑤なぜ松井さんにだけ「よかったね」「よかったよ」の声が聞こえたのか？
⑥なぜ元気な男の子が近づいたとき、女の子はせかせかと「早く行ってちょうだい」と松井さんに言ったのか？
⑦女の子が早く行ってちょうだいと言った野原は、たまたまもんしろちょうがいっぱいいるところだったのか？
⑧なぜよかったね、よかったよが2回繰り返されたのか？

交流の様子

どのような問いの検討がなされたか、以下、場面を抽出しながらTCで示す。

―問いの検討：内容の確認から解釈へ―

C：もしかしたら、女の子は男の子につかまえられたちょうで、逃げたいから早く行ってちょうだいと言ったのではないかな？
C：おかっぱの女の子は元々ちょうなんじゃないかってこと？
C：そう
C：だったら、四角いビルもありえるんじゃないかな？
C：ってことは、2回言ったのは、みんなの、仲間のもとに帰りたかったからってこと？
C：そう、仲間のところに帰りたかったから、（⑤や⑧の問いと）つながるんですよ
C：いや、それだけじゃない。これ（⑦）ともつながる

C：今、言ったのは、この⑥の問いは⑦や⑧とつながるんじゃないのってことですよね

C：そうそうだから、女の子がせかせかと早く行ってちょうだいと言ったのは、男の子が近づいてきて、その男の子にさっき帽子でつかまえられてて、そのときに松井さんがたまたま白い帽子を離して、そしてそのときの白いちょうが（車の）窓から入って、女の子に化けたりしたんじゃないかと言うところと、だから、自分たちの仲間がいる、その行き先に連れて行ってと言って、自分たちの仲間に会いに行ったんじゃないかと思う。その

C：よかったね、よかったよと言うのは、帰れてよかったねで、帰ってよかったよってことなんじゃないかなと思う

C：ああ、賛成

C：今の賛成です

Aさん、言いたいことってどんなこと？

C（A）：でも、なんで2回言ったのかってことなんだから、2回繰り返す必要があるのかってことが問題なんじゃないかな。別に1回でもちゃんと伝わるじゃないですか。
C：でも、それってさ、伝えたかったんじゃない。
C：たくさんのちょうがそこにはいたわけだし。
C：だったら、2回というわけではないんじゃない。

問いの検討における子どもたちの発言内容は、まず物語の内容の確認であったといえる。物語の内容を確認しながら、問いがどこの場面に目を向けているのかを子ども自らが学級全体で共有していたといえる。その読みの交流はAさんの発言をきっかけに内容の確認を中心としたものから解釈へと発展していった。

問いづくりにおける教師は、1人の子どもの発言を取り上げたり、他の子どもへ発言を促したりと、問いを学級全体で共有し、交流を促すことに努めている。そのため1回目の教師の発言（T）では、子どもの発言をリボイシングしている。2回目の発言（T）では「言いたいことって、どんなこと？」と、何か言いたそうにしていたAさんに発言を促すようにして、学級全体でさらに交流が進むようにしている。

―問いのつながりに着目する―

C：ぼくは③がいいと思っていて、せかせかと言ってちょうだいっていうのは、なんかつかまえられてて、男の子が来ちゃって、急いでいきたいから、言っているし、そんな急ぐ必要もないはずなのに、あとせかせかっていうのは、仲間のところに早く行きたいっていうのもあるし、そこから離れたいっていうのもあるから、2つの意味があると思う。

C：同じ。

C：自分たちの仲間に会いたいって気持ちはあるから、女の子が連れてってと言ったところが、もんしろちょうが、仲間がたくさんいるところだった。

C：付け足しで、Bさんは⑥と⑦のつながりだけ言っていたけど、ちょっとはずれているかもしれないけれど⑤⑥⑦のこの3つがつながっていると思うのだけれど、なんでかというと、よかったね、よかったよと言ったのは、⑥のところではやく行ってちょうだい、その仲間たちに連れてってって言って、それで仲間たちが、帰って来たちょうが、「よかったよ、もどれたよ」って言っているのが分かるから、この3つがつながっていると思う。

C：この⑥の後に、①の、なぜ女の子はいなくなったのか、そして、⑦や⑤って他の問いがつながっているから、この⑥の問いをまずは考えていくのがいいと思う。

子どもたちの発言に着目すると、次時の問いはどの問いがいいかということを話題に検討しながら、すでにこの時点で読み合いが始まっていることがわかる。

まずは物語の内容の確認から解釈へと展開し、次時に読み合いたい問いの検討を重ねていった。問いを比較・分類し、検討することによって、問いのつながりに着目していく。それはどの問いを中心に読むかによって、他の問いについても話題になること、一つの問いで他の問いも分かるということであった。問いのつながりに着目することによって、次時の問いとなる一つの問い（①なぜ、元気な男の子が近づいたとき、女の子はせかせかと「早く行ってちょうだい」と言ったのか）へと集約していった。

問いが決定し、次時の読み合いでは、「女の子＝ちょう」ではないかということが話題になるとともに、「せかせかと」や女の子の「早く行ってちょうだい」に着目して、女の子は急いでいたのではないか、そこから早く逃げようとしていたのではないかと、この場面での女の子の心情をとらえる読みが展開された。

問いづくり、読み合いを通して、1回目の問いを評価していった。ここでの「問い日記」では、問いづくりにおいて話題となった「問いのつながり」に目を向けることへのよさが写真1のようにまとめられていた。実際のノートを次のページに紹介する。

ノートの冒頭に「この問いがとければ全ぶの問いにつながるのではじめにこの問いをやってよかったと思います。この問いで女の子はなにものなのかやなぜせかせかと言ったのかなどは他の問いの答えにもつながると思うのでよかったと思います」や「はじめは女の子がちょうかもと考えないでよんでいたけれど考えるうちにだんだんなんでと思うことやそうかと思うことがふえてきました」とあるように、子どもたちの「問い日記」には、自分たちが立てた問いをもとに読むことの楽しさやおもしろさが表現されていた。これは自分たちで問いを立てることの効果だといえる。学習を支える「入口の情意」（興味・関心・意欲）に関わるものであり、自分たちで問いを立てるからこそ、読み合いの主体も学習者である子どもたちになるといえる。また、「女の子＝ちょう」ではないかと、ファンタジー構造をもつ、この物語の山場に目を向けて読むことが子どもたちにとって、読みの方略として価値づけられたといえるだろう。この問い日記からは、先に挙げた教材の特性に触れた読み合いであったことがふり返りとして表現されているといえる。

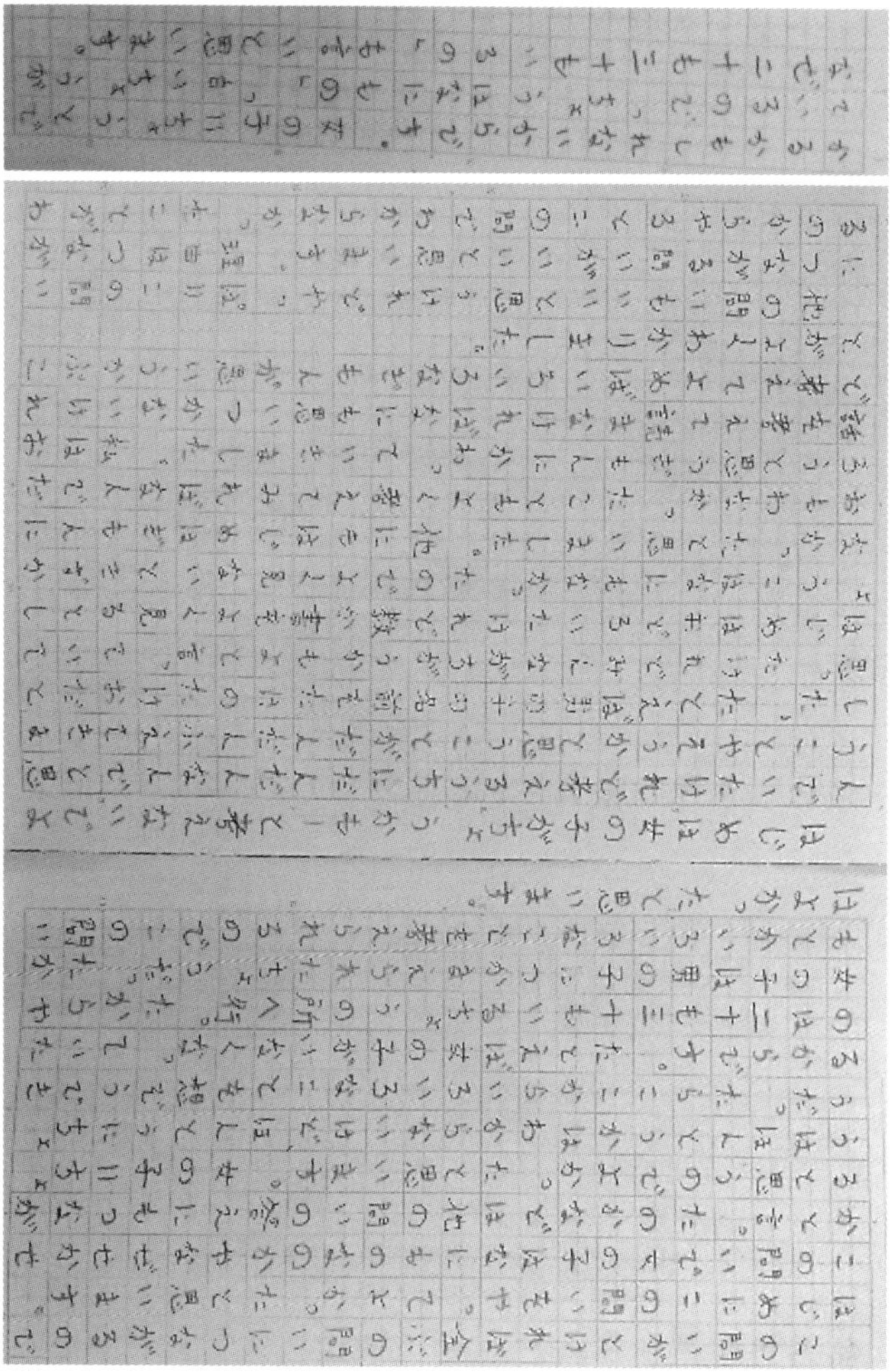

写真1　問い日記：1回目の問いの評価

(2) 問いで読み合う(2回目の問いでの読み合い)

2回目の問いづくりでは、問いの選択・検討を通して、

よかったね　よかったよ、はだれがいって、なぜくり返されたのか?

に決定した。

この問いは1回目の問いづくりでも話題になった。1回目の問いづくりでは、なぜ2回くり返されたのかという「くり返し」に着目した内容であったが、2回目の問いづくりでは1回目の問いに、「誰が言ったのか」という要素が加えられている。これは1回目の問いづくり、読み合いで話題になった「女の子=ちょう」ではないのか、「せかせかと『早くいってちょうだい』」と言った女の子の発言と結末部分に示されている会話文との関係性について見出そうとするものであるといえる。

リフレクション型国語科授業の展開における特徴として、読み合いでは、教師による発問構成によって授業を組み立てていないということがある。これまでの国語科授業の特徴としては、教師による発問・応答型の授業が一般的であったといえる。つまり、教師が発問する

ことによって、学習者である子どもの思考を促し、子どもはその発問に対する正解を導き出していくものだったといえる。常に教師からの発問によって学びが進められていたといえるだろう。そのために、どのような発問をすると、その教材を読み深めることができるかといった教師の側からの教材解釈のもと、発問内容の検討や、どのように発問を構成したら本時のねらいに迫ることができるかという点に、主に着目されてきていたといえる。しかし、学習者である子どもの学びの姿に目を向けると、それはどこか受動的であり、主体的な読みの力が十分に発揮されているとは言い難いといえるのではないか。そこで、本授業における読み合いでは、一斉授業を中心とした教師からの発問による授業構成ではなく、次のような1時間の組み立てで授業を展開している。

①問いの確認→②小グループでの読み合い→③全体での読み合い共有→④問いに対する考えのまとめ

授業の前半では、小グループでの読み合いを設定している。例えば、25人学級とした場合で、一斉授業の形態において、子どもを1人ずつ指名したときに、クラスの何パーセントが目に見える形で活動しているかというと、４％程度に過ぎない。小グループでの読み合いを取り入れることによって、同時進行の交流を生み出すとともに、一人当たりの学習活動の量を上げることができる。これは決して一斉授業を否定することではなく、課題の中身や、授業展開に応じて、適した学習形態を使い分ける必要があることを意味する。本時では４人グループでの読み合いを位置づけている。

全体での読み合いでは、子どもの思考と読み合いをさらに活性化するために、教師による「問いかけ」を行っている。これは発問とは大きく異なるものである。発問は事前に教師が準備したものを投げかけるものであることに対して、「問いかけ」は、子どもたちの思考の文脈に応じて、学習者である子どもたちがまだ気づいていない点に目を向けることができたり、子どもたち同士の読み合いにおけるコミュニケーションを活性化することができたりするように刺激するものである。本時の問いかけは「本当に助かってよかったんだろうか？」である。教師の問いかけによって、子どもたちがどのような点に目を向けていったかにも着目して実践を読んでいただけたらと思う。

さらに板書は「表現的板書法」[注]を用いている（写真２）。これは中心となる話題や本文を黒板の中心に置き、話し合い過程で発言を文字化したり、発言間のつながりを矢印や記号等

写真２　表現的板書法を用いた板書

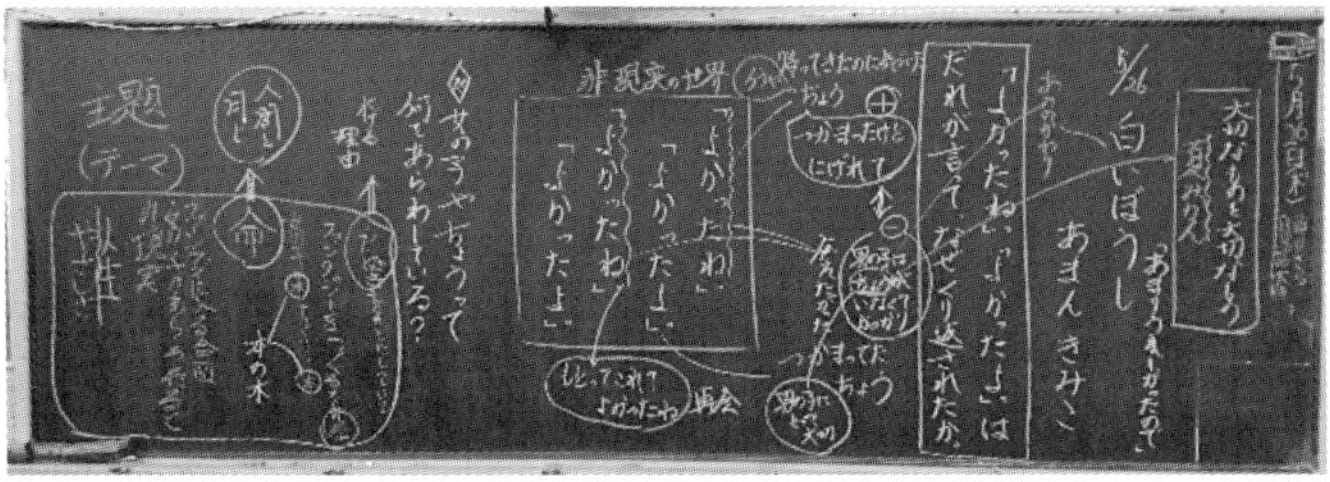

を使って関係づけたりする板書法である。学習者である子どもたちの話し合いの過程が黒板に描かれ、整理されていくことによって、新たな考えを触発することにもつながるため、読み深めるなど、子ども同士の自由なやりとりを中心に授業を展開させる場合に有効な板書法である。

以下、２回目の読み合いの様子を示す。

交流の様子

ー「よかったね、よかったよ」の意味づけー

C：「よかったね、よかったよ」の「よかったね」は男の子につかまっていたちょうが他のちょうに男の子から逃げられたから「よかったね」って言って、つかまっていたちょうが「よかったよ」って言って、また他のちょうが「よかったね」って言って、そしてつかまっていたちょうが「よかったよ」って言ったからそこで2回繰り返されたんじゃないかなって思って。

こっち（「よかったよ」）は、つかまっていたちょうってこと？

C：そう。

C：ぼくもあの、最初は帰ってきたことに一番最初に気づいたちょうが「よかったね」って言って、それに「よかったよ」って言って、それで気づいた他のちょうがまた「よかったね」って言って、それに「よかったよ」って言ったんじゃないかと思う。

C：あー、そういう感じか。

C：最初のちょうが言っているというのは、非現実の世界だから、ちょうが言っていてもおかしくはない。

C：似ているけれど、ちゃんと2つの意味があると思う。

C：最初のよかったね、よかったよは、男の子につかまって、まず逃げられたのがよかったね、よかったよということで、二回目は「まよってる」って最初に言っていたからタクシーに乗って、戻って来れてよかったねっていう、だから、2つの意味があると思う。

C：そうそうそう、全く同じだ。

C：2回目は再会できてよかったっていう意味。

C：えっと、よかったねというのは、本当につかいたいときって、「ありがとう、ありがとう」みたいに言っちゃうから、それが使いたくて2回も同じ言葉を連続で言ったんじゃないかな。

C：強調したいってこと？

C：そうそう。助かったのを強調したかったから2回繰り返した。

C：よかったと思う。

C：よかったでしょ。

C：戻りたいからタクシーに乗ったんじゃないの?

―大切なものと大切なものとの交換への着目―

C：これってプラスとマイナスの2つがあって、プラスの部分は仲間のちょうがいるところに帰ってこれたのがプラスの部分で、マイナスの方は、男の子の方はせっかくちょうをこうやってかぶせてちょうをつかまえて、ぼうしをあけるとちょうじゃなくて、大きい夏みかんが入っているのは、ちょうにとっては帰れてプラスだったけれど男の子にとってちょうがいなかったことはがっかりだったと思うし、マイナスなことだと思う。

C：だから、例えば相手の大切な物と自分の別にいらないものを交換したら、自分のことより相手がかわいそうだから、相手の大切な物を逃がしてしまったわけだから、自分の大切な物を代わりにあげようと思ったんだと思う。

C：そういうことか。

松井さんにとって、夏みかんは大切な物だったんだろうか。

C：なるほど。

C：つけたしで、大切なものだと分かる一文があって、証拠があるんですよ。

―根拠となる一文を探す―

C：ありました。「あまりにうれしかったので」ってある。

C：ここでお母さんから送られてきた夏みかんが、松井さんにとってこのとき一番大切なものだってことがわかる。

C：男の子がちょうを大切にしてたって理由もある。

―物語における「白いぼうし」の役割への着目―

C：元気な男の子が、たけやまようちえんのたけのたけおくんだった場合、ぼうしをかぶってたってことはようちえんから帰るときだったと思うから網とか虫かごとか持っているはずはないから、だからぼうしをかぶせて、お母さんを読んできて、白いぼうしを網がわりにしていたんだと思う。

ということは、Cさんが言ったことでいうと、この白いぼうしというのは男の子にとってみたら網の代わりってこと？

C：そうそう、網や虫かごの代わり。

だったら、女の子にとってみたら何だったんだろうね？

C：ろうやでしょ。

C：なんか、白いぼうしにちょうがつかまえられちゃったから、それで自分で出ることができなかったから、ろうやみたいなものだと思う。

本時の話し合いでは、松井さんが逃がしてしまったちょうの代わりに白いぼうしに夏みかんを入れた意味、大切なものと大切なものを交換したことについて考えが出されたこと、そして白いぼうしが男の子にとってみたら網のようなものであり、女の子にとってみたらろうやのようなものであったという白いぼうしの役割に目が向けられ、考えとして話し合いがなされた。本時の読み合いを通した問い日記には、次ページのようにまとめられていた。

写真3で示した問い日記では、

「たとえば白いぼうしは、ちょうにとってはろうや、男の子にとってはむしとりあみがわり、他にも、ちょうがぼうしからでれた時はちょうは、「ろうやからでてうれしい」けど、男の子にとっては、「せっかくのえものがいなくなっていて残念。」なので、同じでき事でも、人物がちがえば、感じ方がちがい、同じ物でも人物がかわれば、いいと思えることがちがうという新しい発見ができました」

とあるように、登場人物の立場、視点が変わることによって、感じ方が異なることを学びとして振り返っている。これは、教材の特性として挙げた②「すれ違う」登場人物同士の関

写真3　問い日記：2回目の読み合い

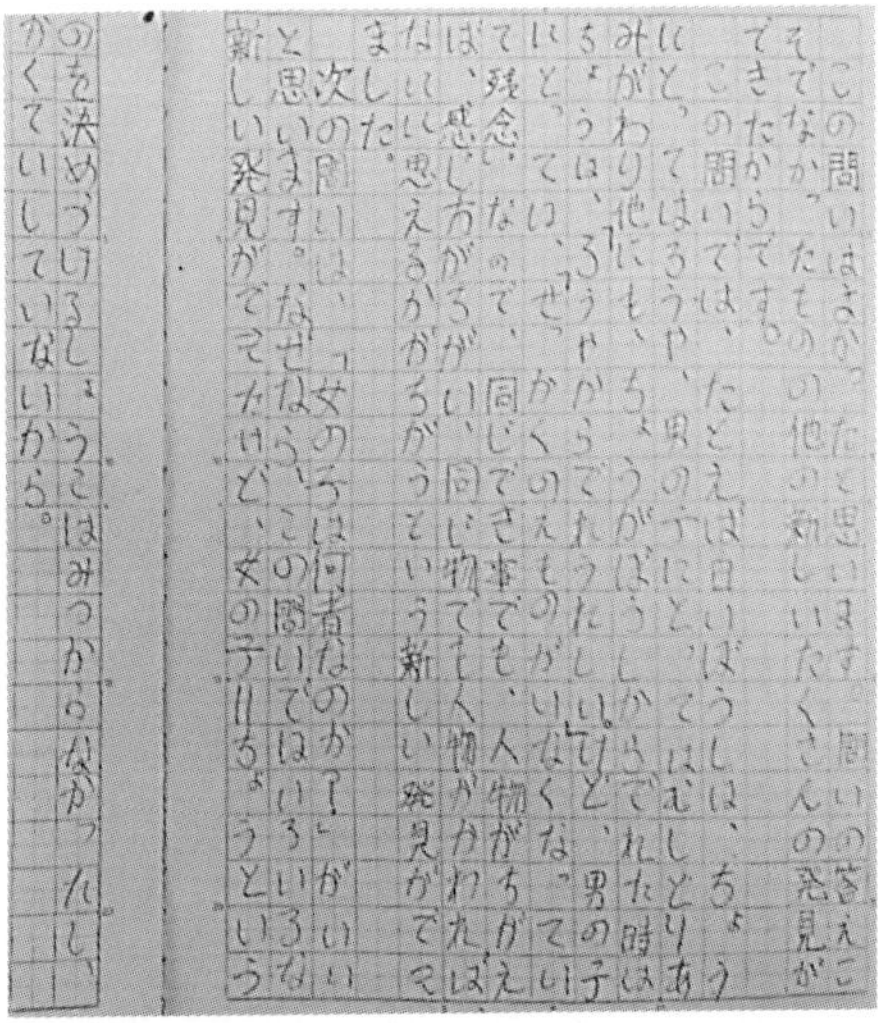

写真4　問い日記：2回目の読み合い

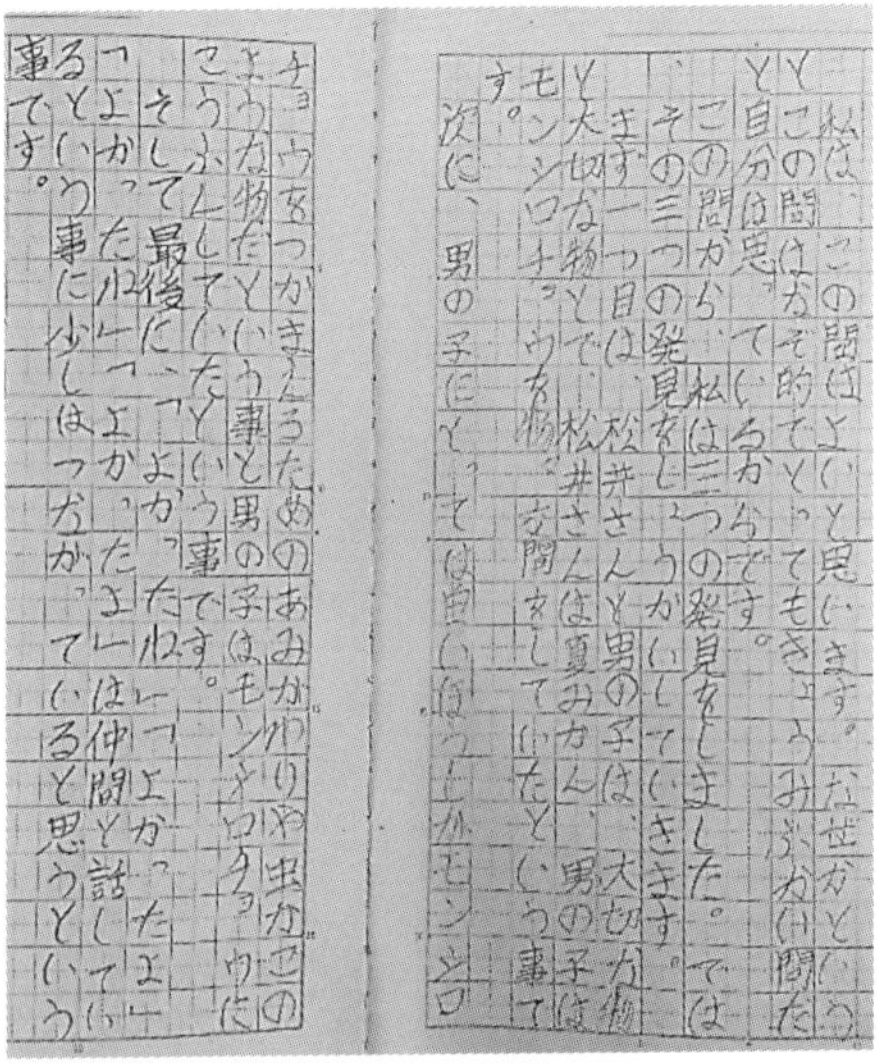

わりに触れた内容であるといえる。

写真4で示した問い日記では、

「松井さんと男の子は、大切な物と大切な物とで、松井さんは夏みかん、男の子はモンシロチョウを物々交換をしていたという事です。男の子にとっては白いぼうしがモンシロチョウをつかまえるためのあみがわりや虫かごのような物だという事と男の子はモンシロチョウにこうふんしていたという事です。」とあるように、松井さんの夏みかんと男の子の蝶が大切なもの同士での交換であったことを表現している。このことは、本節の冒頭、教材についてでも挙げている内容である。

「問いづくり→読み合い→問いの評価」を取り入れた2回目のサイクルによって、教師の教材解釈と重なる読みを子どもたちがしていっているといえるだろう。

(3) 3回目の読み合い

3回目の問いづくりでは、問いの選択・検討を通して、

なぜ題名は白いぼうしなのか？

に決定した。

この問いはこれまで2回の問いづくりでは話題にならなかった問いであり、今回、3回目になって登場した問いである。しかし、2回目の読み合いの様子を見ていただいてもわかるように、子どもたちは「白いぼうし」が人物のとらえ方によって変わるということに目を向けている。子どもたちが題名と本文とのつながりを意識して読み始めているといえるだろうし、この問いが立ったのも大いに関係しているといえるだろう。

またこの問いは、教材の特性「③「白いぼうし」の意味」に直結する問いである。教師がとらえた教材の特性そのものが問いの形となっている。つまり、教師の教えたいことと、子どもたちの学びたいことが重なり、問いという形で前に表れたといえるだろう。

ここでは3回目の読み合いの様子を示す。

―人物をつなぐ「白いぼうし」の役割への着目―

C：白いぼうしの中にちょうがいたわけじゃないですか。だから、白いぼうしがないとちょうもいないし、警察官もじろじろ見ながら行かないし、もし女の子がちょうだったら、女の子もいないし、白いぼうしがないと話が成り立たないんじゃないかな。

C：あー、言われた。

C：付け足し！

C：まず白いぼうしがなかったら、松井さんも持ち上げなかったし、もし白いぼうしじゃなくて、網を持っていたんだったら、網でもつかまえられるんだけど、でも網だったら、そこに落とし物って思わないで、網だから中が見えるから、あげなくて、そうなるとちょうを逃がすこともないし、最後のよかったね、よかったよということもないし、もし女の子が白いちょうだとしたら、女の子も出てこないし、おまわりさんもやってこないし、だから、紳士と松井さん以外の登場人物は白いぼうしがなくなると、それ以外の登場人物が出てこなくなるから、別の話になって、この話が成り立たなくなってしまう。

C：だから、まとめると白いぼうしの中にたくさんの登場人物が詰まっている。

どういうこと?

C：だから、白いぼうしから物語が始まるから、だから、白いぼうしの中にたくさんの登場人物とかが詰まっているから、白いぼうしがないと何も始まらない。

C：で、今のにつなげてもし、松井さんが題名だったらとして、松井さんというのは松井さんが最初から最後まで出てて、ずっと物語に関係しているけれど、ぼうしは、一か所に集中して出ているから、一か所だけが目立っているから、だから題名が白いぼうしなんじゃないかな。

C：そういうことか。

―題名「白いぼうし」の意味づけ―

C：だったら、題名が夏みかんでもよかったんじゃない？夏みかんの方が白いぼうしよりも合っているんじゃないかな。

今、一か所に集中という話題が出たけれど、それってどういうことだろう？

C：まず、松井さんはお話のすべてに出てきているけれど、一か所の集中ってことを言い換えると、その場面にしか出てきていないってことだから、それを一か所に集中って言ったんだと思う。

C：それにつけたしで、例えばなんですけど、絵の具にたとえると、絵の具って、一か所に集中するとボーンって、色が目立つ。

C：あー、濃いってこと？

どういうこと？

C：あの、濃いと目立つじゃないですか。濃い絵の具と薄い絵の具が垂れていたら、濃い方が目立つじゃないですか、だから、一か所に集中している濃い白いぼうしの方が題名になったんだと思う。

なるほどね。最初の方でも話題になったけれど、白いぼうしがないとこの人物はつながらないの？

C：つながらない。

C：だって、まずこの女の子は、白いぼうしの中に入っていたわけだからこれが（白いぼうしがなければ）成り立たないし、松井さんもちょうを逃がすことはないから成り立たない。おまわりさんは松井さんがやっていることが怪しいと思ったからじろじろ見ていたわけであって、これ（白いぼうし）がないと成り立たない。他の登場人物も同じで、この白いぼうしがないとつながらない。

このぼうしがないとつながらないんだ。何か大事な役割があるのかな？

―題名と物語の中での役割を意味づける―

C：ぼうしが何の役割かなんですけど、ぼうしはファンタジーを成り立たせているんじゃないかって思っていて、ファンタジーの入り口と出口は夏みかんなんですけど、ファンタジーの中心になっているのがこの白いぼうしなんじゃないかなと思う

C：あー、そういうことか。物語の中心は松井さんなんだけど、ファンタジーの中心は白いぼうしになっているってことなんだと思う。

C：だから、白いぼうしは現実と非現実をつなぐ役割をしていると思う。

ここでの話し合いで、子どもたちは人物同士の関わりに着目している。そのすべての人物同士の関わりに題名にもなっている「白いぼうし」が関わっていること、そして、物語における「白いぼうし」は登場人物をつなげる役割、きっかけを生み出す役割が詰まっていると表現して意味づけていることがわかる。

ここでの教師は子どもたちの発言を受けて、「何か大事な役割でもあるのかな？」と問いかけ、その意味づけへの促しを働きかけている。

3回目の問いでの読み合いの後の問い日記には、次のような記述が見られた（写真5）。

写真5　問い日記：3回目の読み合い

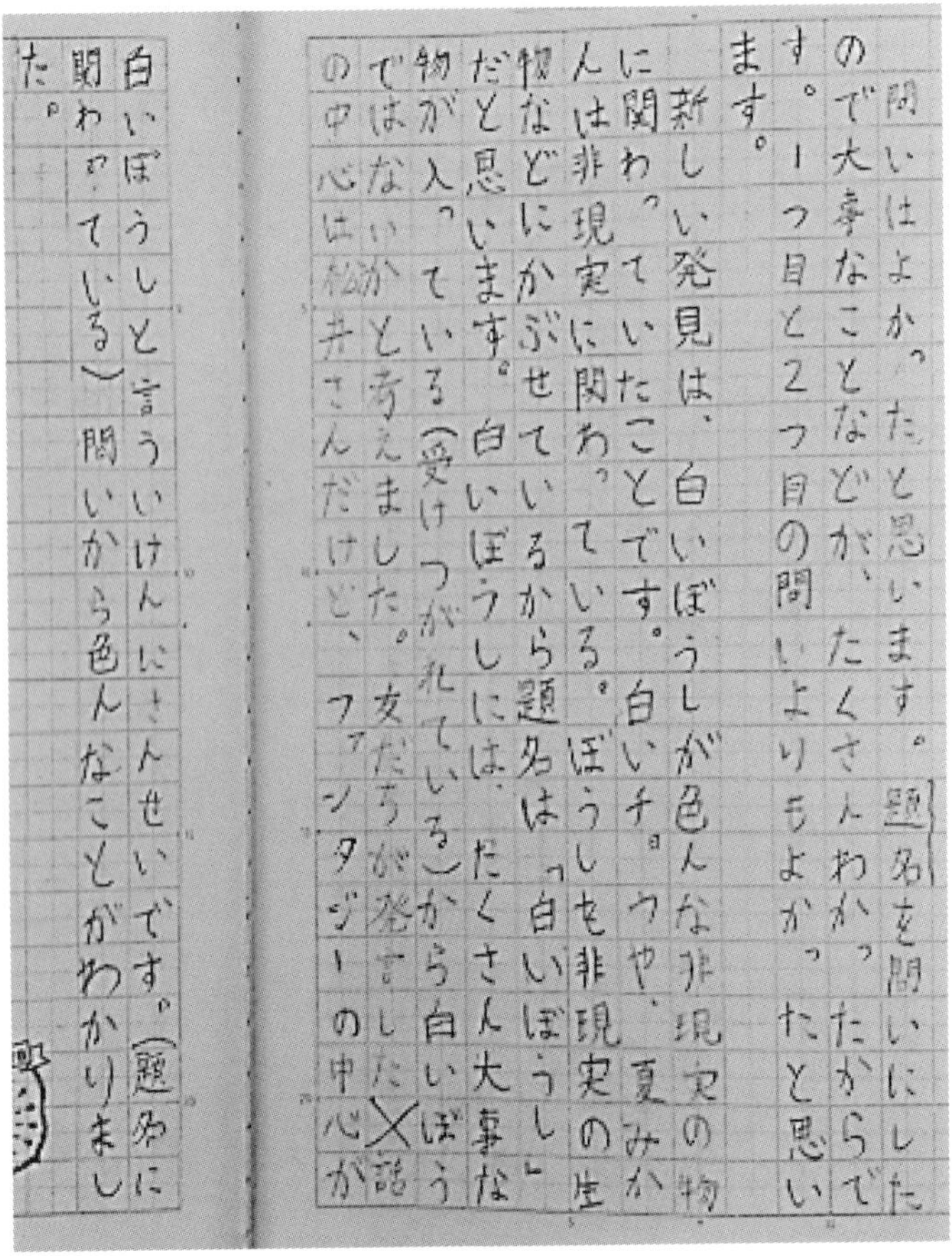

題名を問いにしたので大事なことなどが、たくさんわかったからです。1つ目と2つ目の問いよりもよかったと思います。

新しい発見は、白いぼうしが色んな非現実の物に関わっていたことです。白いチョウや、夏みかんは非現実に関わっている。ぼうしも非現実の生物などにかぶせているから題名は「白いぼうし」だと思います。白いぼうしには、たくさん大事な物が入っている（受けつがれている）から白いぼうしではないかと考えました。友だちが発言した話の中心は松井さんだけど、ファンタジーの中心が白いぼうしと言ういけんにさんせいです。（題名に関わっている）問いから色んなことがわかりました。

3回目の問い日記で着目したいのは、例えば
「問いはよかったと思います。題名を問いにしたので大事なことなどが、たくさんわかったからです」
「友だちが発言した話の中心は松井さんだけど、ファンタジーの中心が白いぼうしと言ういけんにさんせいです。（題名に関わっている）問いから色んなことがわかりました。」

写真6　問い日記：3回目の読み合い

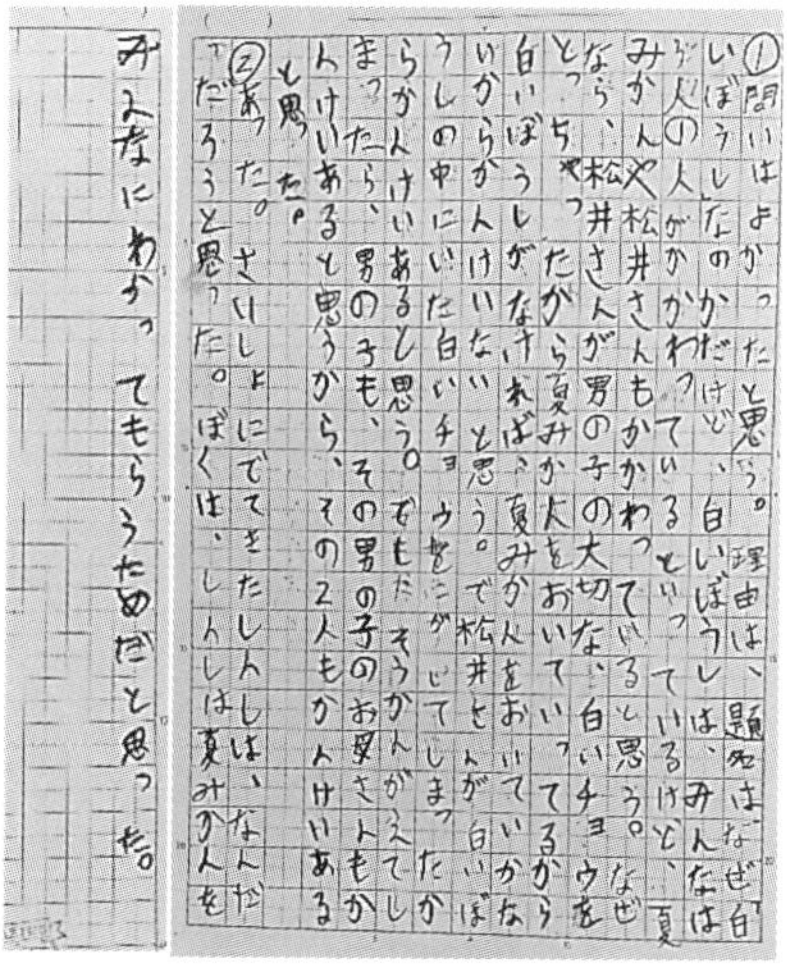
①問いはよかったと思う。理由は、題名はなぜ白
いぼうしなのかだけど、白いぼうしは、みんなは夏
みかんの人がかかわっているといっているけど、
みかんや松井さんもかかわっていると思う。なぜ
なら、松井さんが男の子の大切な、白いチョウを
とっちゃったから夏みかんをおいていってるから
白いぼうしがなければ、夏みかんをおいていかな
いからかんけいないと思う。で松井さんが白いぼ
うしの中にいた白いチョウをにがしてしまったか
らかんけいあると思う。でもたそうかんがえてし
まったら、男の子も、その男の子のお母さんもか
んけいあると思うから、その2人もかんけいある
と思った。
②あった。さいしょにでてきたしんしは、なんだ
だろうと思った。ぼくは、しんしは夏みかんを
みんなにわかってもらうためだと思った。

とあるように、題名に着目して読むことが有効であったと実感し、学びを自覚化している点である。

これまでの国語科授業でも、題名に着目することはあったが、教師の文脈のもとで子どもは題名に着目していた。つまり、単元前半で題名読みをしたり、単元の出口で題名の意味について考えを巡らせ、文章化したりすることをしてきた。しかしながら、その課題は教師が示し、与えたもので

あり、学習者である子どもたちのなかではその課題が自分ごとにはなり得ていなかったこともある。

写真6の子どもは、登場人物同士の関係性と、人物の役割に目を向けている。この子どもは白いぼうしがすべての人物やものと関わっていることにまず目を向けている。その上で、物語の冒頭で登場する紳士の役割にも着目しているという点にある。紳士は読者へ夏みかんを知らしめる存在であり、松井さんと紳士とのやりとりを通して、夏みかんが母から届けられていたことを読者に知らせている。これまでの国語科授業においては、この松井さんと紳士との会話についてあまり触れられなかったり、物語にどのような伏線となっているかを扱ったりすることはあまりなかった。

4 ● 学習成果のまとめ

第三次では、まとめとして、テーマ作文に取り組んでいる。作文のテーマ自体は子どもたちに委ねている。授業の実際では、3回目の問い日記を紹介し、その問い日記についての感想を交流し合った。そして、「白いぼうしを読んで、みんなはどんなことを考えた?」と、3回問いを立てて読むことを振り返っていった。子どもたちが設定したテーマは「松井さんとぼく」「もしも自分が松井さんだったら」などで、あらかじめ、子どもたちがこのようなテーマを立てるだろうという教師の想定と重なっていた。

その一方で、「白いぼうしの―白―」と「色」に着目したテーマを立てた子どももいた。

次に子どもが単元でまとめたテーマ作文を紹介する。

写真7のテーマ作文では、松井さんのやさしさに着目している。

「ぼくは松井さんのやさしさはみんなを変えるやさしさと思います。（中略）松井さんの「ごめん」は言うのではなく、あげるという「ごめん」ということです。夏みかんをあげることはいやなは

写真7　「やさしさ」に着目したテーマ作文

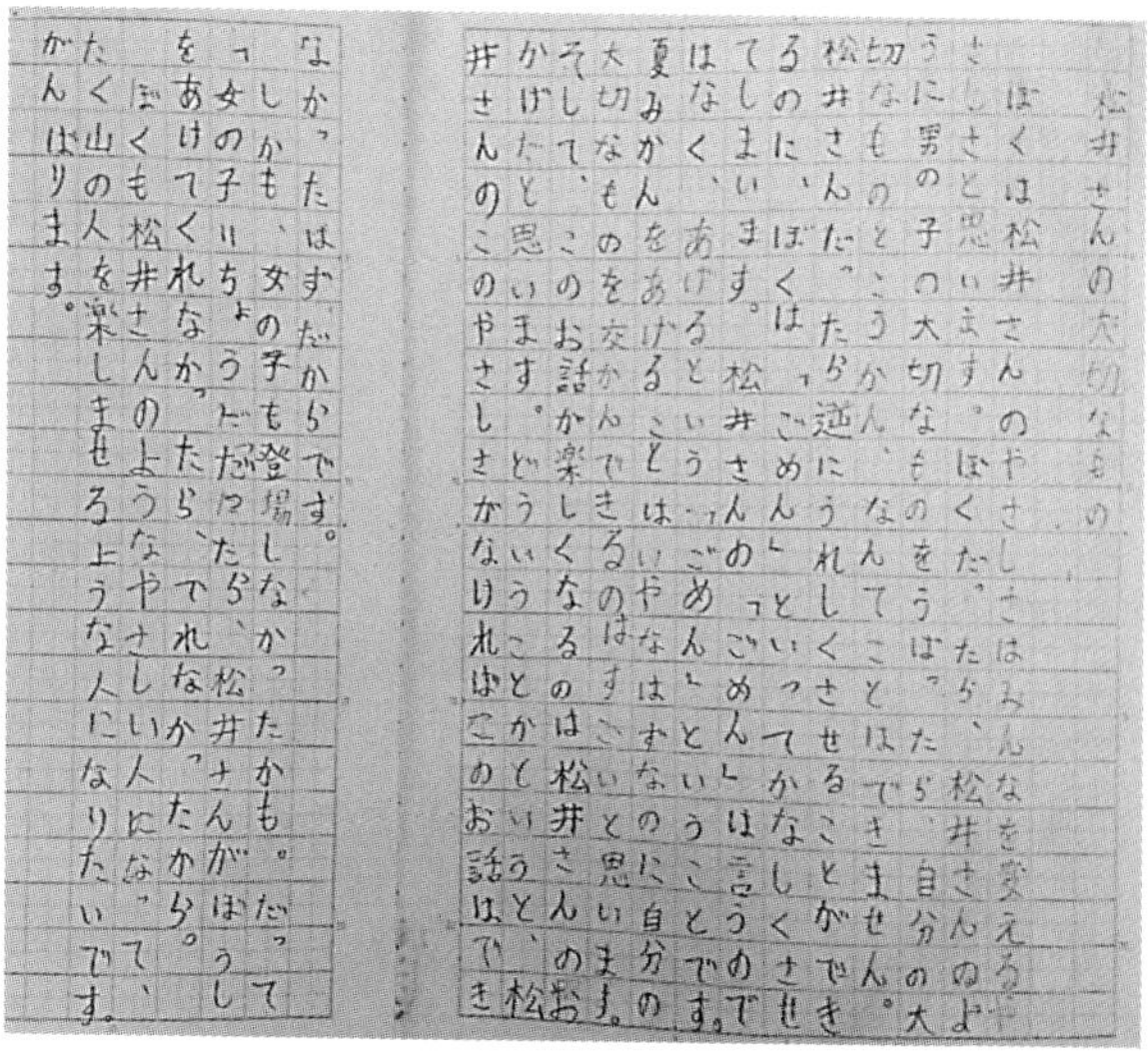

写真8　「白」に着目したテーマ作文

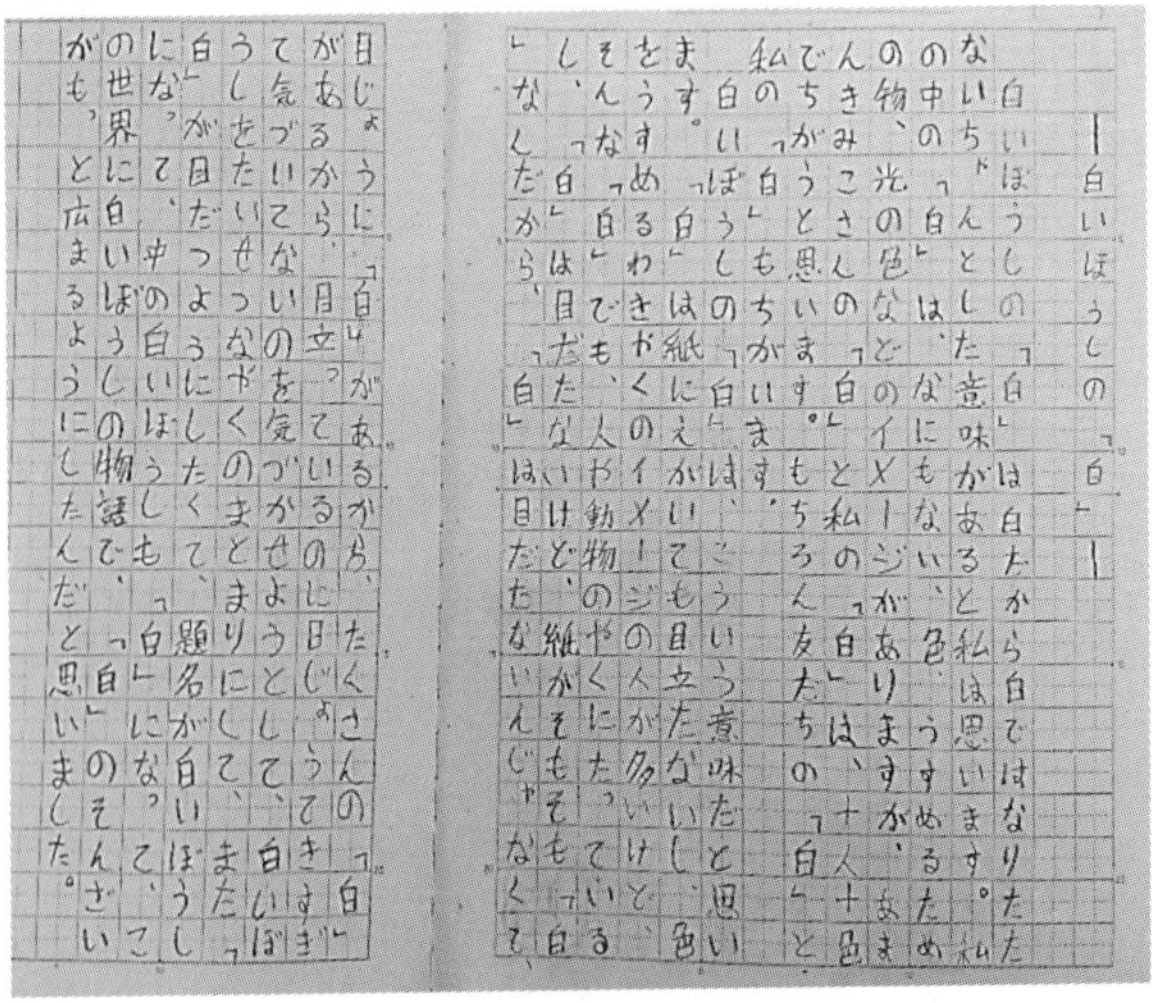
ー白いぼうしの「白」ー

白いぼうしの「白」は白だから白ではなりたたないちゃんとした意味があると私は思います。私の中の「白」は、なにもない、色、うすめるための物、光の色などのイメージがありますが、あまんきみこさんの「白」と私の「白」は、十人十色でちがうと思います。もちろん友だちの「白」と私の「白」もちがいます。

白いぼうしの「白」は、こういう意味だと思います。「白」は紙にえがいても目立たないし、色をうすめるわきやくのイメージの人が多いけど、そんな「白」でも、人や動物のやくにたっているし、「白」は目だたないけど、紙がそもそも「白」なんだから、「白」は目だたないんじゃなくて日じょうに「白」があるから、たくさんの「白」があるから、目立っているのに日じょうてきすぎて気づいてないのを気づかせようとして、白いぼうしをたいせつなやくのまとまりにして、また「白」が目だつようにしたくて、題名が白いぼうしになって、中の白いほうしも「白」になって、この世界に白いぼうしの物話で、「白」のそんざいがもっと広まるようにしたんだと思いました。

ずなのに自分の大切なものを交かんできるのはすごいと思います。そして、このお話が楽しくなるのは松井さんのおかげだと思います。どういうことかというと、松井さんのこのやさしさがなければこのお話はできなかったはずだからです。」

とあるように、松井さんの取った行動の意味に着目してまとめている。2回目の読み合いは結末部分に着目した問いであった。ここでの読み合いが松井さんの行動の意味づけにつながったといえる。

　写真8のテーマ作文では、3回目の問いであり、教材の特性である「白いぼうし」の意味、特に「白」に着目してい

る。「白いぼうしの「白」は白だから白ではなりたたないちゃんとした意味があると私は思います。（中略）「白」は紙にえがいても目立たないし、色をうすめるわきやくのイメージの人が多いけど、（中略）白いぼうしをたいせつなやくのまとまりにして、また「白」が目立つようにしたくて」とあるように、3回目の読み合いで「色が目立つ」という友だちの発言を受けて、さらに題名を解題している様子がテーマ作文に表れている。

5 ● 実践から見えたもの

学習者による「問いづくり→読み合い→問いの評価」という一連のサイクルを位置づけることによって、他者と語り合い、協働的に活動を進める経験から、言葉の学びに対する学習意欲は強化されていったといえる。

ここでは、「問いの協働生成」という点に一つ目のポイントがあるといえる。教師が与えた問いではなく、学習者である子どもの側に問いを「委ねる」ことによって、問いを立てる主体も、決定した問いでの読み合いの主体も子どもとなった。さらに問いの評価を通して、自らの学びを「省察する」場を取り入れていた。

ここで特に「新しく分かったことや発見」には、読み合いを通して学んだことが言語化して表れていたといえる。例えば、「よかったね、よかったよ」と示されている結末部分に着目することによって、松井さんの行動の意味づけがなされ、題名に着目することによって、題名の意味づけがなされていった。ここで経験を通して得た「読みの方略」は他の物語の学習材を読む際にも発揮されることだろう。つまり、子どもたちは第二次における**「問いづくり→読み合い→問いの評価」**という一連のサイクルを2～3回繰り返すことによって、「学び方を学ぶ」ことを経験しているといえる。

また、子どもたちの問いの質的変化、授業における発言や問い日記、テーマ作文に見られるように、教師の教材解釈と重なる部分が多く見られた。特に3回目の問いでは、教材の特性として教師が挙げたものそのものが問いとなって表れている。また、2回目の読み合いの授業における発言では「蝶（女の子）にとっては檻であり、男の子にとっては虫捕り網」と表現されている。つまり、教師の教えたいことと、子どもの学びたいことに重なりがあるということである。

これまでの国語科授業では、教師の教材解釈をもとにした発問・応答型の授業展開であった場合、どうしても扱うことができないと判断し、発問には組み込まない内容も出てくることがあった。子どもたちが問いを立て、読み合い、問いを評価するというサイクルがあり、それを2~3回繰り返すことによって、子どもたちには「問い直す」ということが生まれる。

この問い直しによって、子どもたちは自らの言葉の学びを修正し、そして、教材の特性へと迫っていくのだといえる。

そこでの教師の立ち位置は、「教える」ではなく「支援する」でもない。子どもの言葉の学びの「伴走者」としての立ち位置であるといえるだろう。

「世界でいちばんやかましい音」（学校図書・４年）（東京書籍・５年）

1●学習材について

中心学習材「世界でいちばんやかましい音」は、ガヤガヤの町の王子様が、誕生日に世界でいちばんやかましい音を聞きたがる。世界中に知らせが送られるが、小さな町の一人のおくさんの「世界でいちばんやかましい音を聞いてみたい」という思いが世界中の人々へと広がっていく。誕生日当日、王子様は世界でいちばんやかましい音を聞くことはできなかったが、生まれて初めて自然の音を聞いたことによって、静けさのよさに気づく。そして、ガヤガヤの都は世界でいちばんやかましい町から世界でいちばん静かな町へと変わるお話である。作者はベンジャミン＝エルキンで、海外作品である。

教材の特性をまとめると、以下の通りとなる。

【教材の特性】
◇意外性のある結末（王子様とガヤガヤの町の変化）
◇くり返し（「別に悪気はなかったのですが」）
◇すべての登場人物の心情を語る、三人称全知視点

本学習材の要所は、変化と、その変化をもたらしたくり返しであるといえるだろう。この物語には2つの変化がある。1つは、中心人物である王子様の変容である。ガヤガヤの町のやかましい人々のなかでも、とりわけやかましいのが王子様であったが、生まれて初めて自然の音を聞いたことによって、静けさと落ち着きを知り、それを気に入る。それを受けて、もう1つ変化したものがガヤガヤの町である。町は世界でいちばんやかましい町から世界でいちばん静かな町へと変化している。それは物語の冒頭にある人々の様子や歌、そして入口にある看板を比較することで、その変化に気付く。物語の結末には、人々の歌は書かれていないものの、例えば、入口にある看板を比較すると、物語の冒頭では、「これよりガヤガヤ

の都　世界でいちばんやかましい町」とある。一方、結末では、「ようこそ、ガヤガヤの都へ　世界でいちばん静かな町」となっている。やかましい町のときには知らせを送るという「発信」していた立場から「ようこそ」と「受け入れる」立場へと変化をしていることがわかる。その変化をもたらしたくり返しは、後々世界中の人々に広がる「別に悪気はなかったのですが」である。物語のなかでは、4回くり返されており、このくり返しに読者は、くすっと笑いがこみあげてくることだろう。そして、悪気はないものの、「聞きたい」という思いが世界中に広がっていることを読者は知ることになる。自分も世界でいちばんやかましい音を聞きたくなり、「わたし一人くらいなら」の思いから叫ぶのをやめることが広がり、そのことが意外性のある結末へとつながったのである。

多くの物語では、主に一人の人物の視点で語り手が物語を語っている。例えば、「スイミー」の場合、中心人物であるスイミーの視点で物語は語られている。「モチモチの木」の場合も中心人物である豆太の視点で語られている。しかし、本学習材「世界でいちばんやかましい音」の場合はすべての登場人物の心の内を語る全知視点となっており、王子様、王様、そして、一人のおくさまをはじめとして、町の人々の心の内を語る物語となっている。そのために、読者だけがすべての登場人物の心の内を知ることになる。つまり、読者だけが物語のすべてを知っているのである。だからこそ、どのような結末を迎えるのか、読者はハラハラドキドキしながら物語を読み進めることができる物語である。

2 単元の構想

(1) 単元目標

単元目標を見ていただくとわかるように、3つの観点で示されている目標の枠組み自体を見直している。これは第2章で香月氏も述べているように、思考の習慣という枠組みをもとに、目標論を見直すとともに、授業を構想しているためである。この目標設定自体、これで完成版というわけではなく、まだまだ見直していく必要はあるものの、現段階における授業実践レベルでの目標論としての提案である。

(2) 単元の構成

本実践の第二次での1セットあたりの時間の流れは、「白いぼうし」で実践した2時間から今回は3時間へと変更している。それは、サイクル2時間目の、問いでの読み合い、そし

●単元目標

○価値ある問いの条件を考えながら問いを選択・検討することを通して、自らの学習目標を設定し、読みの道筋を立てることができる。

○問いをもとに交流のしかたを工夫しながら登場人物の言動や変化に着目して読み合い、自分の思いや考えを表現することができる。

○立てた問いの価値を評価し、読み合いでの新しい発見を問い日記にまとめることを通して、学びの意欲を高め、接続することができる。

●単元の構成

第一次 「世界でいちばんやかましい音」を読もう！ …………………………………… 1時間

・「世界でいちばんやかましい音」を読み、感想を交流する。

第二次 問い日記をつくろう！ …………………………………… 6時間

・問いをもとに「世界でいちばんやかましい音」を読み合い、問い日記をつくる。

| 1セット（3時間）の流れ | ×2セット

①問いをつくり、問いの選択・検討をする。

②問いをもとに、「世界でいちばんやかましい音」を読み合う。

③問いをふり返って評価し、問い日記をつくる。

第三次 「私」を語ろう！ …………………………………… 2時間

・「世界でいちばんやかましい音」を読んで、自分の考えや経験、感想を書き、交流する。

・学んだことをどう活かしていくか、学習の振り返りをする。

て授業を省察し、問い日記をつくるのに1時間では時間が十分でなかったという実践上の修正の必要があると考えたためである。読み合いと問い日記を用いた省察の時間を十分に取ることによって、リフレクションのサイクルを有効にしていこうと考えたためである。

(3)「伴走者」としての教師の立ち位置

第一節「白いぼうし」の授業では、授業者として実践を振り返り、「伴走者」としての立ち位置の必要性について言及した。本実践は、「伴走者」としての教師の立ち位置を意識した実践でもある。

これまでの国語科授業を考えたとき、教師の発問によって、思考の文脈は形成されていたといえる。つまり、子どもは発問に対する正解を探す営みをしていたといえる。授業内コミュニケーションを考えたときに、発言者が偏ってしまう、学級の一部の子どもだけしか発言しないという固定的な側面があったといえる。また、教師と子ども同士、または一部の子ども同士だけのコミュニケーションとなってしまい、議論が一部だけのもの、表層的なものとなってしまうことがあったといえる。これからの教師の立ち位置は、学習者同士の相互交流を促すことと、学びの状況を把握(観察)してフィードバックしながら、リフレクションを促すことに注力する必要があるといえる。その問題意識のもと、リフレクション型国語科授業を提案している。

（４）学習形態と学習環境のデザイン

学びは学習者のなかで起こる変化にもとづくものであって、教師が学習者に「させる」ことにもとづくものではない。教師が発する問いも、１つの刺激であり、その問いが共有されたとき、他者との交流や学びの必要性が生まれてくる。そこで、本実践では、授業内のコミュニケーションに重層性と柔軟性を生み出すために、学習形態と学習環境のデザインに着目した。

学習者同士の相互交流を促すために注力するのが、学習形態と学習環境のデザインである。授業者は学習者同士の相互交流を促すとともに、活動そのものを観察し、把握することが求められる。小グループ等の学習形態を授業に取り入れることは、授業者と学習者の一対一の縦糸関係の束で構成されて硬直化しがちな関係性に、学習者同士の間の横糸を通すとともに、学びの複線化を図ることができる営みである。

しかしながら、これまで学習形態の設定は、主に教える側によって選択・決定されていた。

図2　多様性のある学び：学習形態と学習環境のデザイン

〇学習者が、選択・決定に参画できる

→多様性のある学びを展開する足がかり

〇学びに空間を合わせるよう教室のレイアウトの問い直し

→授業内のコミュニケーションに重層性と柔軟性を生み出す

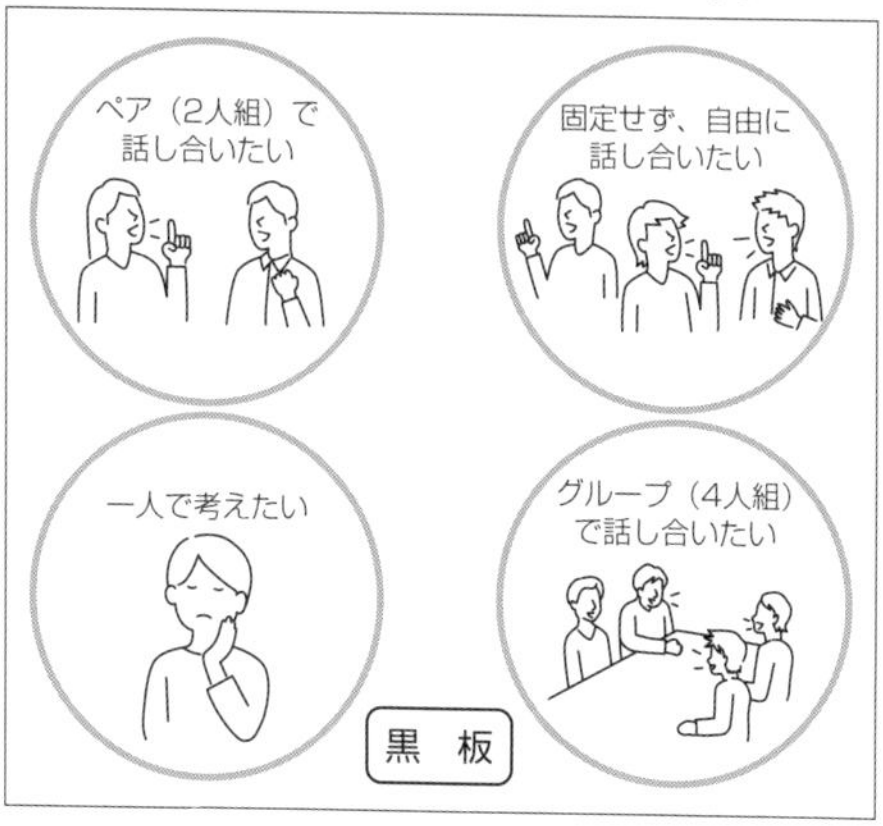

学習者が、一人で、ペアで、グループでと、その選択・決定に参画できるように柔軟性のある（フレキシブルな）学習形態を設定することによって、多様性のある学びを展開するための足がかりとなると考える。そのためには、学習環境のデザインも併せて考える必要がある。空間に学びを合わせるのではなく、学びに空間を合わせるよう、空間自体が人の動きや学びの中身を規定する側面があることを自覚しながら、教室のレイアウトを問い直していく。本実践では、図2のようにエリアという考えのもと、教室を4つに区分けしている。

立てた問いに対して、1人で考えたい、2人組で考えたい、4人組で考えたい、それ以上の人数で考えたいとエリアに分けている。話し合っている最中に1人と2人組が合体しても、4人組が2人組に分かれてもよいとしている。学習形態と学習環境をデザインすることは、多様性のある学びを展開する手がかりとなる。

学習者である子どもたちは、このように他者と語り合ったり、協働的に活動を進めたりする経験をくり返すことによって、次第に学習を調整する力を身につけていく。しかし、それは子ども任せにしていただけでは、身につかない。教師は学習者同士の相互交流を促すとともに、活動そのものを観察し、把握すること、そしてフィードバックすることが求められる。

その点も含めて、これまでの国語科授業との枠組みの違いはおわかりだろう。教師の「教える」をもとにした授業展開ではなく、学習者である子どもの「学ぶ」を中心とした授業展開により、教師の役割や立ち位置自体も変化するのである。子どもと教師がともに問いに対して向かおうとする、そこに伴走しながら学びを進めていこうとする教師の立ち位置が関係してくる。

では、ここからは、物語「世界でいちばんやかましい音」をもとに、授業の実際を取り上げていく。本実践では、一連のサイクルを2回行っている。それぞれの問いは次の通りである。

1回目の問い：なぜガヤガヤの町は静かになったのに、ガヤガヤの町という名前を残したのか？
2回目の問い：なぜ、はじめはガヤガヤとした音が聞きたかったのに、最後には静かな音が気に入ったのか？

単元におけるこの2つの問いを見たとき、最初の問いは町の変化、2回目の問いは王子様の変化に着目した問いであることに気づく。本学習材の要所として、この物語には2つの変化があることを前述した。子どもたちが立てた問いと、学習材の要所として授業者が挙げた点は重なる部分がある。つまり、子どもたちに問いを立てることを委ねたとき、子どもたちは教材の特性、要所となる部分に着目して、問いを立てていく。これは、文学教材のもつ力そのものといえるであろう。

3 ● 授業の実際

では、ここからは具体的に授業の実際を取り上げる。

（1）問いを立てる（1回目）

前節の問いづくりでは、問いを立てて読むこと自体が本学級の子どもたちにとって初めてのことであった。今回の問いづくりでは、問いを立てること自体も1人で考えるか、2人組で考えるか、4人組で考えるか、学習者である子どもたちが選択するようにした。この場合、問いは、1人で考えた場合には1つ、2人組で考えた場合にも1つ、例えば8人で考えた場合も1つとした。その結果、計18の問いが出されたが、似ている問いやまとめられる問いはないかと問いかけ、分類する中で、次の7つに絞られ、そこから問いの検討をしていった。それが次のような問いである。

①なぜ動物たちもやかましい音を出すのか？
②本当に王様の考えは実現したのか？
③なぜガヤガヤの町は静かになったのに、ガヤガヤの町という名前を残したのか？
④王子様が本当に求めていた音は何だったのか？
⑤なぜおくさんの考えが世界中に広まるということができたのか？
⑥なぜみんなわたし一人くらいだまってたってわからないと思ったのか？

⑦なぜはじめはガヤガヤとした音が聞きたかったのに、最後は静かな音が気に入ったのか？

この7つの問いの検討について、次のような話し合いが展開された。

交流の様子

C：②と⑦の問いはつながると思っていて、王様が世界中の人たちに呼びかけて一斉に声を出そうとしたわけだから、この問いはつながるんじゃないかなと思う。

C：それに続けて言うと、⑦が分かれば、②が分かるし、②が分かれば、⑦が分かるってこと。

C：②と⑦の問いは同じことを求めているってことでしょ。

C：そうそう。同じことを求めているってこと。結果的には一緒になるってこと。

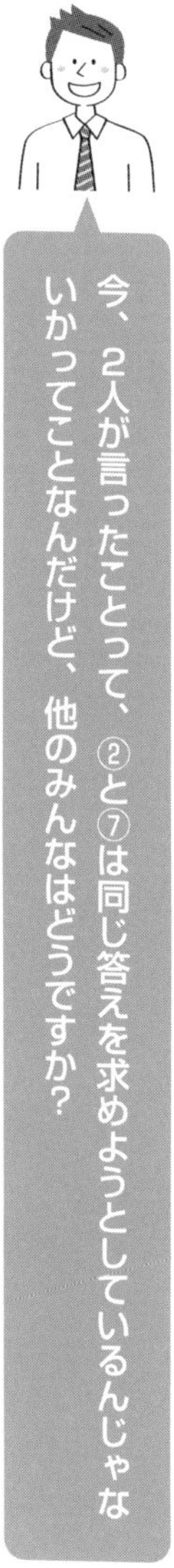
今、2人が言ったことって、②と⑦は同じ答えを求めようとしているんじゃないかってことなんだけど、他のみんなはどうですか？

（つぶやき、近くの人と話し合う様子）

C：②は王様の問いで、⑦は王様の問いだから、違うんじゃないかなと。

C：⑦は王様の問いだから、⑦は王様の問いだから、違うんじゃないかなと。

C：⑦は王子様のことを意味するわけで、②は王様のことを意味しているってことだよね。

C：そういうことじゃない、そういうことじゃなくて、王様の考えていることってことだっていうのは、全世界の人々に同時に同じことをさせるってことだから、それはさせているんだけど、「王子様はその静かな音が気に入ったのか」って問いに書いてあるから、王様が全世界の人に同じことをさせるのと王様を喜ばせられたのかっていうのもここに含まれているから、おんなじなんじゃないかなと思う。

― 王子様の変化から、ガヤガヤの町への変化へと目が向けられる ―

今、②と⑦の問いについての発言が多いですが、他の問いについての意見も聞きたいなあ。

C：③で、確かにガヤガヤの町は世界でいちばんうるさかったから、けど、次には世界でいちばん静かな町になったんですよね。だったら、別に歴史的に有名だったとしても、町

は静かになったんだから、別に名前を変えてもよかったのに、なぜ名前を変えなかったんだろうと不思議に思う。

（つぶやき、それぞれが意見をつぶやく声）

C：例えば、ガヤガヤという都があったとして、もう立て札を立てないで、でもそれは知らないじゃないですか、でもガヤガヤの都ってあるだけで、なんか来た人はひっかかるし、だけど、名前を変えなかった理由を知りたいから、この問いにしました。

C：③のことは、なんだか難しそうだけど、考える価値はあると思いました。

C：なんかガヤガヤの町っていうのが、何か主題みたいなものにもなると思うから、もし答えが出なかったとしても考える価値はあると思います。

C：ガヤガヤの町っていう物語の大半に出ていることだから、この町のことは他の問いでもぜったい関係してくるし、必要になってくるじゃないですか、だから、他の問いのことを考えるとしても、このガヤガヤの町のことを考えないと進まないと思うから、③がいいと思う。

―1つの問いをさまざまな視点で考えることの価値―

C：私も③がいいと思っていて、なぜかというと、さっき主題みたいなものだったり、答えが1つでないというところがいいと思っていて、1つでなく、いろいろな考えが出てくるところに価値があると思っていて、しかも、さまざまな視点から考えることができて、みんなの考えも聞けておもしろい話し合いになるんじゃないかなと思っている。

ここで着目したいのは、子どもたちが立てた問い自体が学習材となって議論が展開されているという点である。分類された7つの問いから次時の問いを1つ選ぶというときに、子どもたちは、問いのつながりや包含関係に着目し、さらには、問いが何を意味しているのか、問いが何を求めているのかと予見しながら問いの質を検討している。それが「考える価値」という言葉で表現され、学級全体に共有されていったといえる。ここでの話し合いでは、最後に挙げた2人の考えが学級全体によさとして広がって、次時の読み合いの問いは、なぜガヤガヤの町は静かになったのに、ガヤガヤの町という名前を残したのか？

の問いに決定した。

(2) 問いでの読み合い（1回目）と評価（問い日記①）

問いでの読み合いにおいても、学習形態は学習者である子どもが選択できるようにしている。読み合いにおいて、子どもたちがどのように学習形態を選択したかは図3に示す通りである。

図3　問いでの読み合い（1回目）の学習形態

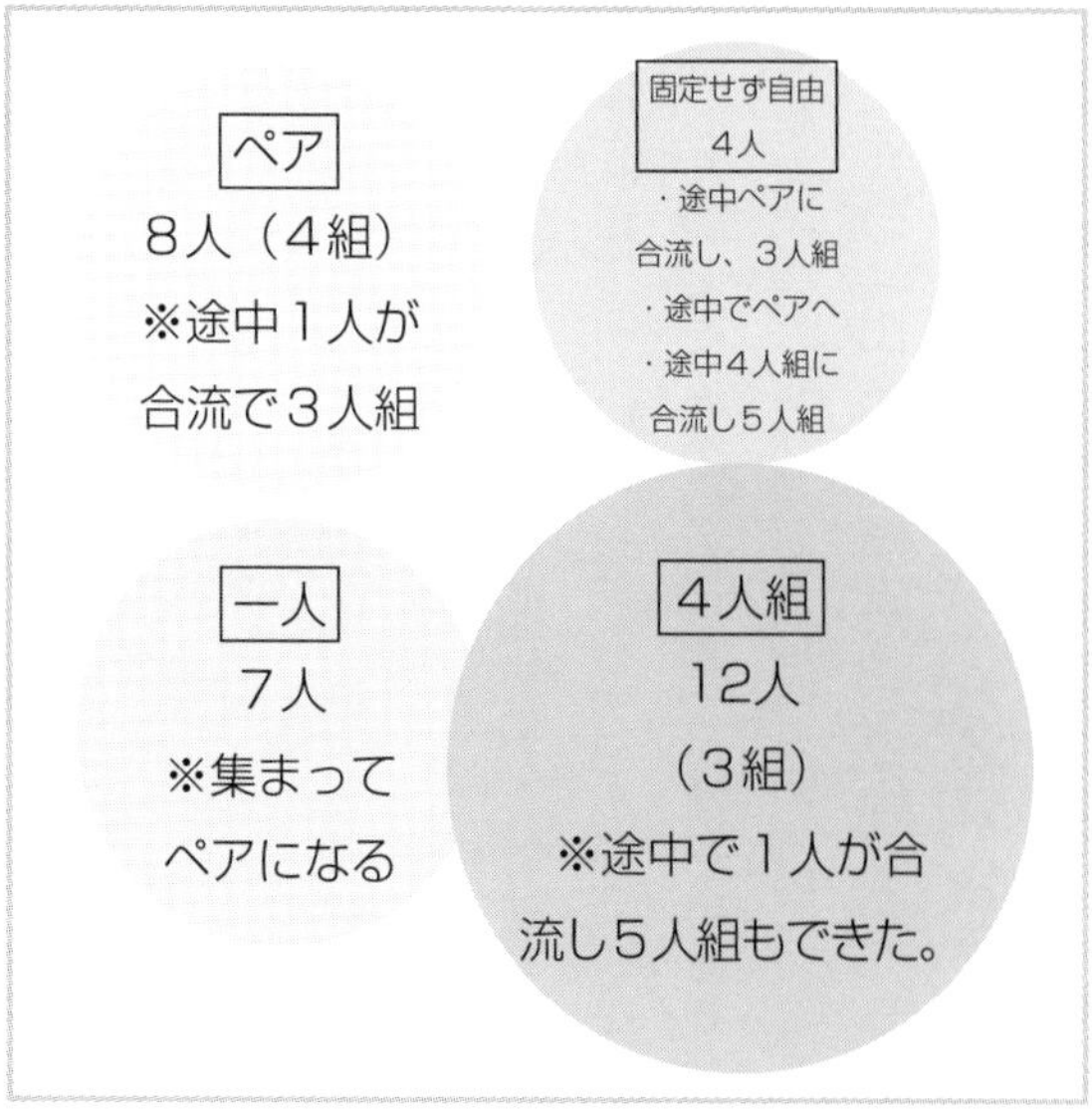
固定せず自由
4人
・途中ペアに
合流し、3人組
・途中でペアへ
・途中4人組に
合流し5人組
ペア
8人（4組）
※途中1人が
合流で3人組
4人組
12人
（3組）
※途中で1人が合
流し5人組もできた。
一人
7人
※集まって
ペアになる

全体での交流では、以下のような話し合いが展開された。話し合いの一部を示す。

話し合いの様子

C：出来事や歴史を残したいと思ったから、名前を残したんだと思っていて、名前を残したことにガヤガヤの町に住む人たちの覚えておいてほしいっていう思いがあるんじゃないかなと思う。

（そうそう、付け足し）

C：だから、出来事っていうのは、昔は世界でいちばんやかましい町でうるさかったから、ガヤガヤって名前を残していて、今は静かな町になったんだよっていうことを立て札に「静かな町」って言葉で残したんだと思う。

C：立て札には、「ようこそガヤガヤの都へ　世界でいちばん静かな町」って書いてあって、立て札って町に来た人に知らせるものでもあるから、町に来た人に世界でいちばん静かな町だよってわかってほしいと思って、こう書いている。

C：さっきの「出来事や歴史」っていうのにも付け足しなんですけど、ガヤガヤの都に来た人に、昔はガヤガヤといううるさい町だったんだよ、今は静かな町になりましたよっていう歴史を伝えたかったから、名前を残したんだと思う。

―立て札のもつ意味に王子様の心情の変化や町の人々の様子を重ねて読む―

C：もともと王子様はガヤガヤした音が好きで聞きたかったわけじゃないですか、そこで、一人のおくさんの考えで、声を出さないようにしようということが生まれて広がって、それが原因で静かな町になったわけだから、それが由来になったんじゃないかなと思う。

C：こっち（世界でいちばんやかましい町のとき）には「これより」って書いてあって、こっちの（世界でいちばん静かな町のとき）には「ようこそ」って書いてあって、「ようこそ」は「来て」っていう意味で、こっちの「これより」は、「これより危ない」っていう意味で、こっちの「ようこそ」はすごくいい、ガヤガヤという町の名前に「静かな」っていうのが加わって、すごくいいってなって来てっていうことを伝えていると思う。

C：今、言ったことを辞書で調べてみたんだけど、「これより」は「これから」と意味は同じなんだけど、「この場所から、ここから」という意味で、「ようこそ」っていうのは、「相手の訪問に対する感謝と歓迎の気持ちを込めていった言葉」だから、この立て札の「ようこそ」は歓迎の気持ち、「これより」は何の歓迎もなしにここからこうですって伝えているだけなんだということがわかる。
（なるほど、そういうことか）

C：「ようこそ」のある方は、「いらっしゃい」とか「来てね」っていう意味になるけれど、こっち（「これより」）は用心した方がいいよとかの意味になる。

C：危険ってことだ。

ということは、このときのガヤガヤの町の人たちって、自分たちの町のことが嫌いだったのかね？

C：いや、どうかな。

C：もともと、ガヤガヤの町の人たちは住んでいたから、それに慣れちゃっているから、住んでいる人はよかったかもしれないから、嫌いとかではなかったんじゃないかなと思う。

C：これよりって言葉は危ないよっていうのも出てきたじゃないですか、いらっしゃいとか歓迎ではないけれど、嫌ではなかったんじゃないかな。

C：昔のガヤガヤの人たちはうるさくて、都に住んでいない人たちから見ても危なそうに見えているから、これよりって言葉を使ったんじゃないかな。

着目したいのは、子どもたちが町の変化として、ガヤガヤの町の入り口にある立て札に目を向けていることである。立て札にある「これより」「ようこそ」に着目し、町の変化について考えを巡らせている。

次時では、問い日記に取り組む前に、学級全体で前時の読み合いを省察することを行った。そこでは、次のようなやり取りが見られた。

昨日の授業で、新しくわかったことや発見はどんなことがありましたか？

C：この物語では「ようこそ」とか文章に書いてある証拠をつなげていくことで、本当の答えに近づけると思った。

本当の答えってどういうこと？

C：最初は文章の細かいところまで読んでなくて、浅いというかあまり考えていなかったけれど、証拠をつなげていくことで、文章の細かな部分まで深く読むことができるから本当の答えに近づいていると思った。

C：ことばの1つ1つに意味が込められているってことに気付いて、そこからみんなで考えることができたのが、よかった。

C：例えば、「ようこそ」っていう言葉には、「いらっしゃい」とか歓迎の意味があることがわかって、言いたいことが込められているというのがわかった。

C：ぼくは最初はこの問いはぜったいダメだと思っていたんだけど、思っていたよりは考えることができたけれど、まあ予想しかできないんだけれど、正しい予想が出来たんじゃないかなと思っている。

写真９　板書：１回目の問いでの読み合い

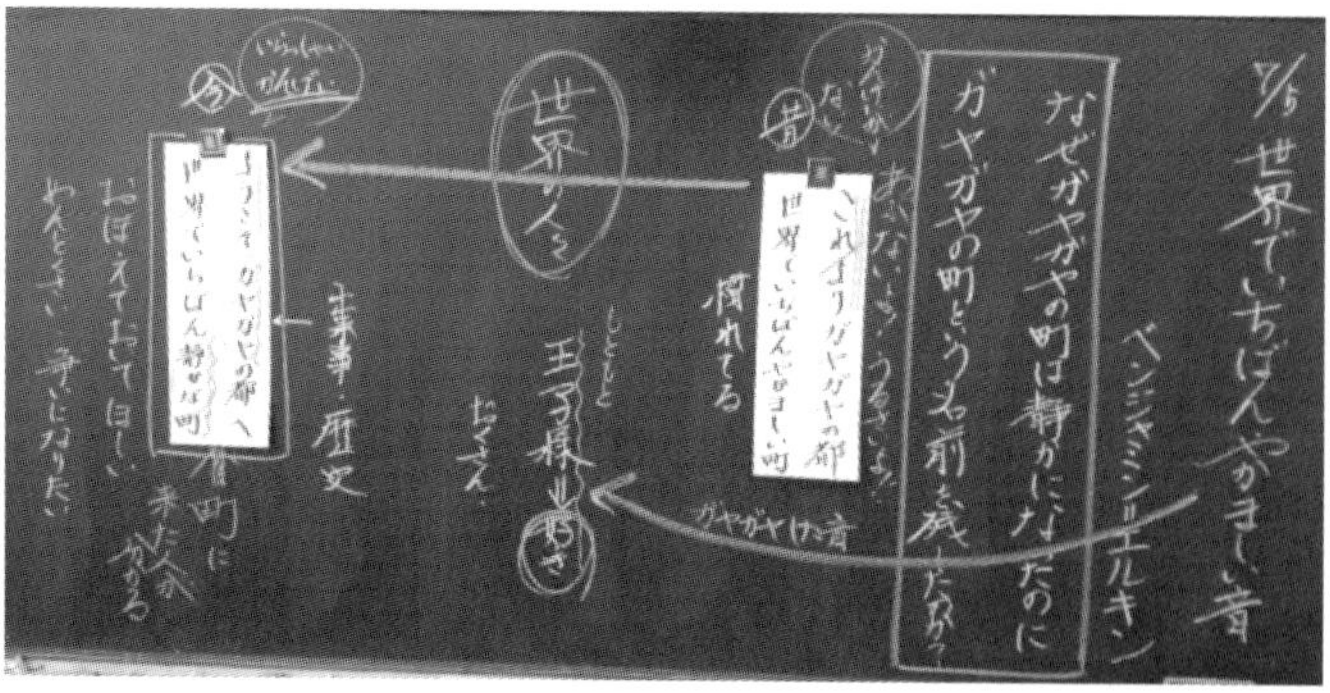

　学級全体での省察においても、「これより」「ようこそ」の意味について考えを巡らせることができたことが話題に上がった。また最後の子どもが「ぼくは最初はこの問いはぜったいダメだと思っていたんだけど」とあるように、読み合いに取り組む前と、実際に取り組んでみることで新しくわかったこと、発見があったことが「正しい予想が出来たんじゃないかな」というところに表れている。

　さらに着目したいのは、最後の子どもが「予想」という表現を用いたことである。問い日記に取り組む前での省察でも話題になったのが、「でも、スッキリしなかった」「はっきりしなかった」「モヤモヤする」という発言があった。問い日記には、次のように表現されていた。

写真10　問い日記：1回目の読み合い

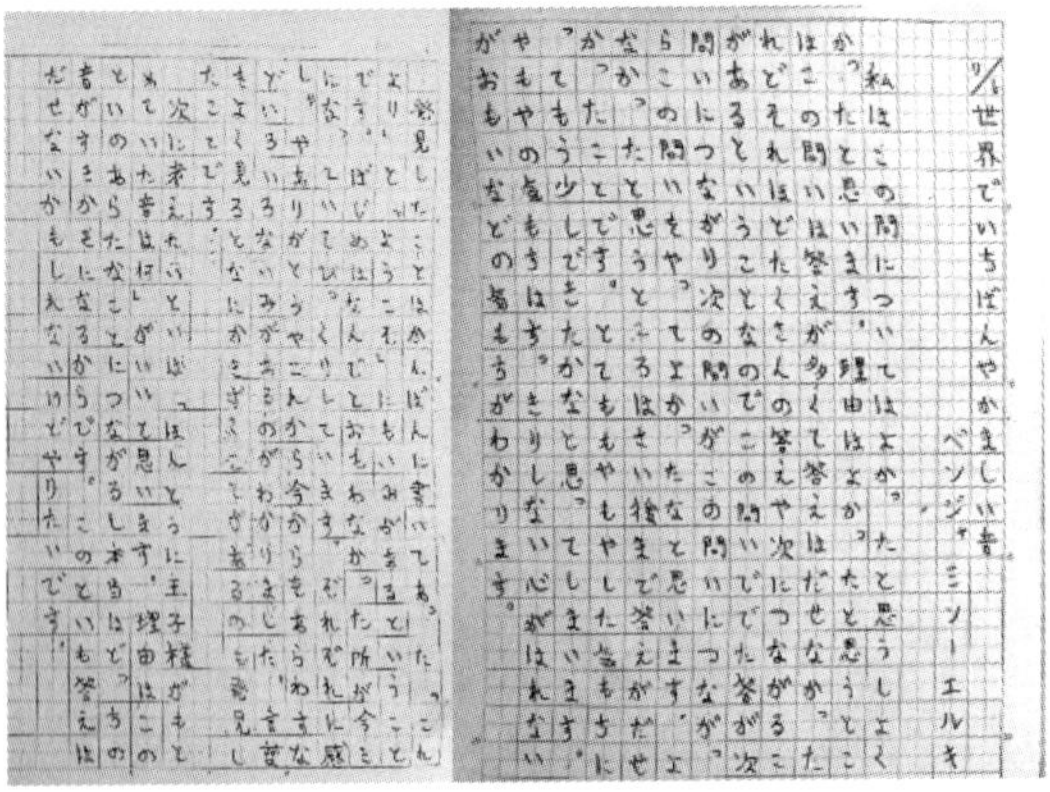

私はこの問いについてはよかったと思うしよくなかったと思います。理由はよかったと思うところはこの問いは答えが多くて答えはだせなかったけれどそれほどたくさんの答えや次につながることがあるということなのでこの問いででた答えが次の問いにつながり次の問いがこの問いにつながったからこの問いをやってよかったなと思います。よくなかったと思うところはさい後まで答えがだせなかったことです。とてももやもやした気持ちになってもう少しできたかなと思ってしまいます。もやもやの気持ちはすっきりしない心がはれない、心がおもいなどの気もちがわかります。

発見したことはかんばんに書いてあった「これより」と「ようこそ」にもいみがあるとい

写真11　問い日記：1回目の読み合い

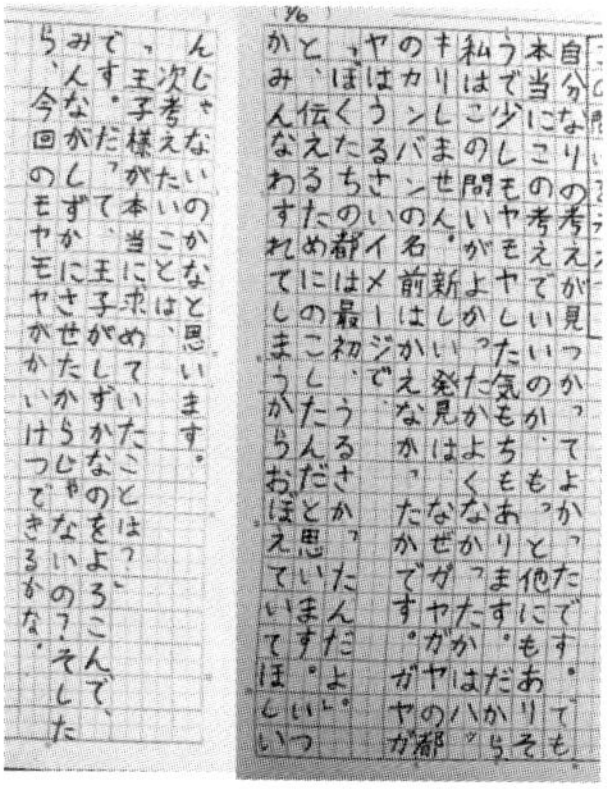
自分なりの考えが見つかってよかったです。でも本当にこの考えでいいのか、もっと他にもありそうで少しモヤモヤした気もちもあります。だから私はこの問いがよかったかよくなかったかはハッキリしません。新しい発見はなぜガヤガヤの都のカンバンの名前はかえなかったかです。ガヤガヤはうるさいイメージで、「ぼくたちの都は最初、うるさかったんだよ。」と、伝えるためにのこしたんだと思います。いつかみんなわすれてしまうからおぼえていてほしいんじゃないのかなと思います。
、次考えたいことは、王子様が本当に求めていたことは？です。だって、王子がしずかなのをよろこんで、みんながしずかにさせたからじゃないの？そしたら、今回のモヤモヤかいけつできるかな。

うことです。はじめはなんでと思わなかった所が今、気になっていてびっくりしています。それぞれに感しゃやありがとうやこれから今からを表すなどいろいろな意味があるのがわかりました。言葉をよく見るとなにか気づくことがあるのも発見したことです。

自分なりの考えが見つかってよかったです。でも本当にこの考えでいいのか、もっと他にもありそうで少しモヤモヤした気もちもあります。だから私はこの問いがよかったかよくなかったかはハッキリしません。新しい発見は、なぜガヤガヤの都のカンバンの名前はかえなかったかです。ガヤガヤはうるさいイメージで、「ぼくたちの都は最初、うるさかったんだよ」と、伝えるためにのこしたんだと思います。いつかみんなわすれてしまうからおぼえていてほしいんじゃないのかなと思います。

次に考えたいことは、「王子様が本当に求めていたことは?」です。だって、王子がしずかなのをよろこんで、みんながしずかにさせたからじゃないの?そしたら、今回のモヤモヤがかいけつできるかな。

読み合いによって、新しくわかったことや発見はあったものの、何かすっきりしない、モヤモヤするという表現がなされていた。これは「日記」のもつ機能の自己の思いの表出にも関わってくる。自分たちが立てた問いがよかったかを評価し、授業を省察する、つまりリフレクションを働かせていくことによって、子どもたちは再度、問い直していく。「本当にこの問いでよかったのだろうか」「どんな問いを立てたらよかったのだろう」これらを問い直すことによって、次のサイクルへの原動力にもなり得る。第二次をサイクルで回しているというのは、このためである。つまり、子どもたちも教師も「問いを立てる↓問いで読み合う↓問いを評価する↓問いを立てる…」というサイクルの実践のなかに身を置き、そのサイクルを省察（リフレクション）し、そして、また実践へと身を置いていく。

学習者である子どもも、そして授業者である教師も同じ実践のなかに身を置き、実践のなかでの事実を省察（リフレクション）する。それらをともに行うからこそ、伴走者としての教師の立ち位置になるであろうし、だからこそ、子どもと教師がともに教材に向かうということが起きるのである。

本実践においても、子どもたちのこの「モヤモヤ」というのが、次の問いを立てる際の原動力となった。

（3）問いを立てる（2回目）

2回目の問いづくりでは、1回目の問いづくりよりも多くの問いが出された。これは問いを1人（個人）で立てる子どもが増えてきたこと、そして、グループだとしても、少人数で話し合って立てる子どもが多く見られてきたからである。出された問いを分類することによって、次の6つにまとめられた。

①王子様が求めていた音はなんだったのか？（王子様は本当に静かな音が気に入ったのか）
②なぜ王子様は自然の音が気に入ったのか？
③なぜ題名はやかましい都から静かな都になったのに「世界でいちばんやかましい音」なのか？
④なぜ人々は朝から夜までとてもやかましいのに、だまることができたのか？
⑤おくさんはどうして一人くらいだまっていてもいいと思ったのか？
⑥なぜ、はじめはガヤガヤとした音が聞きたかったのに、最後には静かな音が気に入ったのか？

問いの検討の前半の話し合いでは、王子様に着目した議論が展開された。それは、前回の問いが町の変化についてのものであったこと、そして、町が変化したのは王子様が変化したことによるものであって、町の変化と王子様の変化はつながっているということからであった。そして、「王子様は心の中ではやかましい音、体の中では静かな音を求めていたのではないか」という意見が出された。その後の問いの決定までの展開について示す。

話し合いの様子

C：「生まれて初めて王子様は小鳥の声を聞いたのです」のところで、それがすっかり気に入りましたって書いてあるから、これを逆にして、心のなかではしぜんの音、体のなかではやかましい音だったんじゃないかと私は思っていて、モヤモヤというか、どっちなのかはっきりさせたいから、この①の問いがいいと思います。

C：王子様は身体でやかましい音を立てれて、だけど、心っていう自分では立てられないような自然の音が本当は好きだったかもしれないから、王子様が本当に求めていた音は何だったかを考える①の問いがいいと思う。

C：今、①の話題になっていますが、他の問いについてはどうですか?

C：Aさんが題名のことを「白いぼうし」と「世界でいちばんやかましい音」っていうのは違うから、物語の内容も全く違うから、「白いぼうし」と一緒ではないと思うから、題名のことを考える③がいいと思う。

C：やかましい都から静かな都になったのに、題名が「世界でいちばんやかましい音」で、最初の一場面しか表してないような気がする。

C：私はBさんの反対意見なんですけど、Bさんが言ったのは確か、この題名について何だけれど、作者は題名をつけるときに本文からしぼってつけているわけだから、作者しか知らないいんじゃないかなと思う。

（発言に対して賛成・反対と多く反応する）

問いの検討において、話題は最初、①王子様の求めていた音についてであった。しかし、題名のつけ方へと展開していった。問いの検討での話題は大きく①、③、⑥へと焦点化されていった。そのなかで、前回の「白いぼうし」でも話題になった「価値のある問い」についての話題となっていった。

―みんなで考える問い＝価値のある問いであることを見出す→問いの決定へ―

C：みんなで考えるイコール価値のある問いなわけなんですよ。それはとてもいいことなん

だから、時間がかかったって、それはいいことなんだから、それは別にいいんじゃないかな

C：⑥と①は重なると思っていて、理由としては、①の、この「王子様は本当に静かな音が気に入ったのか」と、⑥の「最後に静かな音が気に入ったのだろうか」は重なるから、この⑥の問いを考えるのがいいと思うし、王子様が静かな音が気に入ったから、町も変化したわけじゃないですか。だから、⑥を考えることで、題名も考えることができるんですよ。だから、⑥をみんなで考えるのがいいんじゃないかと思うんです。

（一斉に拍手）

⑥と①のこの部分は重なる、そしてこのことは題名の③の問いにもつながるんじゃないかという意見ですね。

C：その⑥でいいと思います

C：それがいい。

（一斉に拍手）

3つに絞られた問いのなかで、⑥の問いを中心に考えることによって、他の問いもわかってくるというつながり、包含関係に目を向けられ、⑥の問いに決定した。

前回の問いを立てる際に、町の変化について考えることは主題にもつながるのではないかという発言もあって、子どもたちは町の変化を読んでいったが、一定の発見はあったものの、すっきりしない、モヤモヤしたという気持ちになっていた。

それが、今回、町の変化のきっかけとなった王子の変化を読むこと、そして、そのことは題名にもつながるのではないかという予見性を見出して、この問いへと決定した。その点では、子どもたちはどの問いを立てるかによって、教材を「追求」していく問いの選別を行っているといえる。

教師主導で展開する際に、物語の場合、まず中心人物の変化から読むことが多い。しかし、その観点は教師が与えたものであり、子どもが「求めた」ものではない。今回は、問いを立てる過程のなかで、町の変化での問いでは見いだせなかったものが、中心人物、王子様の変化での問いを読むことで見出せるのではないかと予見し、学習材を追求しようとしている。

（4）問いでの読み合い（2回目）と評価（問い日記②）

2回目の問いづくりでは、「なぜ、はじめはガヤガヤとした音が聞きたかったのに、最後には静かな音が気にいったのだろうか」に決定した。読み合いでも、学習者である子どもたちが学習形態を選択・決定できるようにしている。そのため、前述したように、子どもの学びに空間を合わせることができるように教室のレイアウトを4つのエリアに分けて展開している（141ページ図2）。学習者である子どもたちは読み合うなかで、例えば1人とペアが合わさって3人組で話し合いを展開したり、ペアやグループのメンバーを入れ替えて意見や考えを交流したりするなど、フレキシブル（柔軟性）に学びを展開する姿が見られた。

2回目の読み合いにおける子どもたちの学習形態は図4のようであった。

全体での読み合いでは題名の意味づけへ

図4　問いでの読み合い（2回目）の学習形態

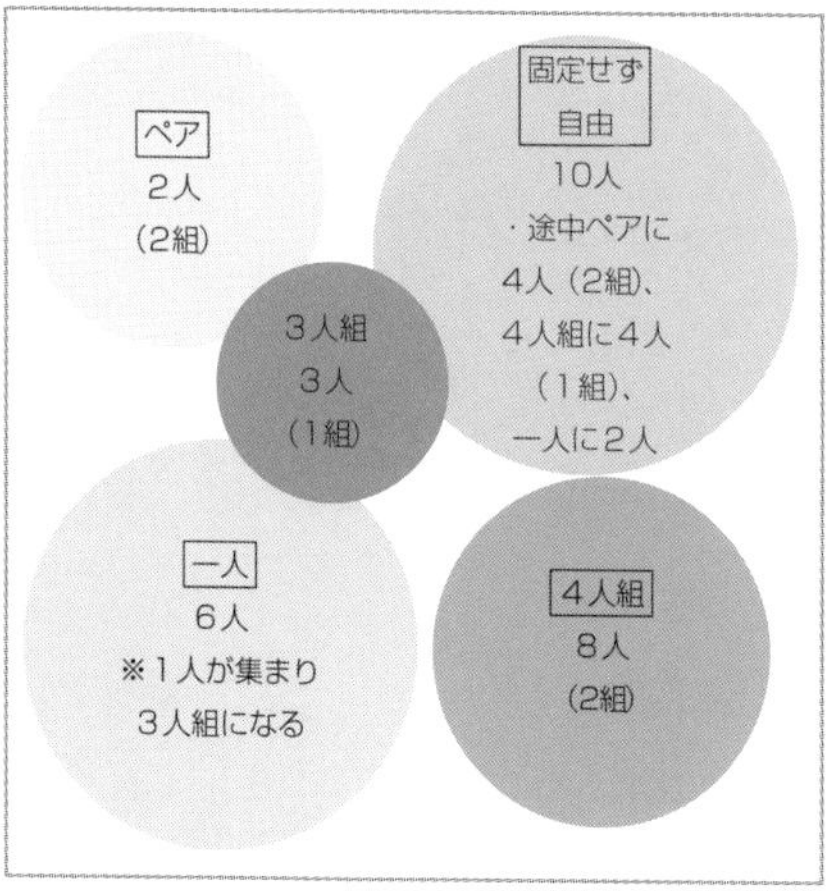

写真12　板書：2回目の問いでの読み合い

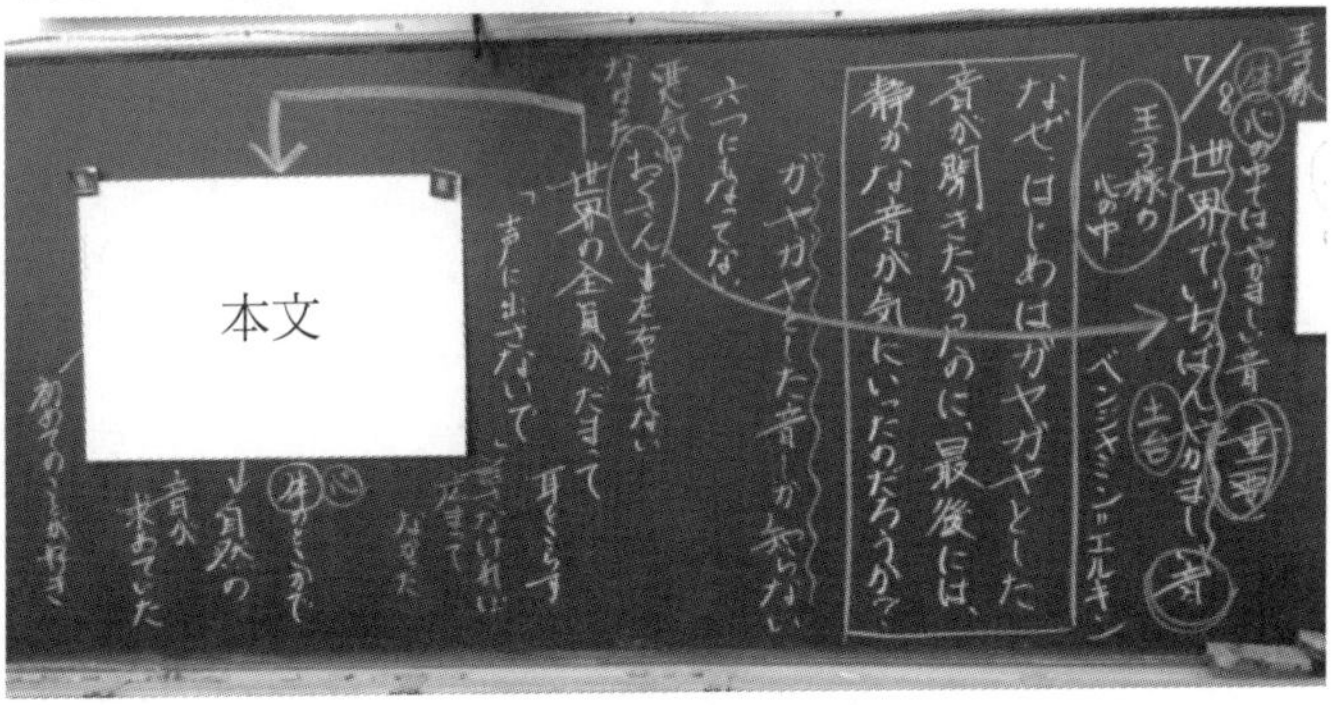

と話し合いは展開された。ここでは、本時の授業後半で話題となった題名の意味づけの場面を取り上げ、以下に紹介する。直前までは王子様はガヤガヤとした音しか知らなかったこと、生まれて初めて自然の音を聞いたこと、静かな音を知るきっかけを作り出したおくさんには悪気がなかったことなどが話題となっていた。

話し合いの様子

C：王子様は、最初はガヤガヤとした音しか聞いたことがなかったから、心も体のなかも全体がガヤガヤとした音になっていたけれど、自然の音を聞いて、どこかで自然の音が気に入ったから、自然の音を聞きたい心が増えたんじゃないかなと思う。

だったら、題名を「自然の音」にしたらよかったんじゃないですか？

C：確かに。そうだよ。（つぶやき）

C：題名をそれ（世界でいちばんやかましい音）にした理由、何か、ちょっとわかる。

C：題名は王子様の心のなかを表していると思っていて、世界でいちばんやかましい音しか最初は聞いたことしかなかったからじゃないかな。

（あーそういうことね）

C：この物語は、やかましい音があるからこそ、成り立っていると思っていて、だって王子様が意見を変えたのも「やかましい音」だけを知っていて、それから自然の音を知ったからだったし、おくさんもだんなさんもやかましい音があって、それを聞きたいと思ったから、静かにするっていうのを提案したんだから、それ（「やかましい音」）がなければ物語は成り立たないと思う。

C：土台は最初のやかましい音ってことだから、題名にある最初の土台がなくなってしまったら、物語って成り立たないじゃないですか。それで土台を題名にしたたんじゃないかな。

C：確か「白いぼうし」のときにも、「白いぼうし」がないと物語が成り立たないって話をみんなでしたんですよね。（つぶやき：そうそう）それと同じで、これも土台だから、題名になっていると思う。

C：そもそもこれ（「やかましい音」）がなければ、静かな音も王子様は聞けなかったんじゃないかな。

着目したいのは、題名について、子どもたちなりに解題している、題名の意味づけをはかっているという点である。「世界でいちばんやかましい音」が物語の「土台」であるということ、このことについて、以前学習した「白いぼうし」との比較をしながら意味づけている。読みの方略として、題名に着目するという学び方を、子どもたち自らの「学び方の系統化」として形成しているということができるだろう。

教師の出（役割）という点では、問いかけとして、次のように投げかけている。

だったら、題名を「自然の音」にしたらよかったんじゃないですか？

これは直前の「自然の音を聞いて、どこかで自然の音が気に入ったから、自然の音を聞きたい心が増えたんじゃないかなと思う」という子どもの発言を受けて「だったら」と切り出している。

例えば、教師主導で授業を展開する場合、「ゆさぶり発問」が用いられることがある。例えば、逆を示したり、代案を示すなどして、考えを深めるということをねらってのものである。しかし、それは、教師が示すもの、つまり、事前に教師が準備したものを示している。ここでの問いかけとゆさぶり発問が大きく違うのは、題名の代案を子どもの言葉から示しているということ、そして何より、ここでの教師の授業観の違いである。子どもたちを「ゆさぶろう」とは思っておらず、問いかけによって子どもたちの話し合いがさらに活性化したらよいのではないかと一種の「刺激」として子どもたちに問いかけている。

2回目の問いでの読み合いを通した問い日記では、以下のような問いの評価が見られた。

写真13　問い日記：2回目の読み合い

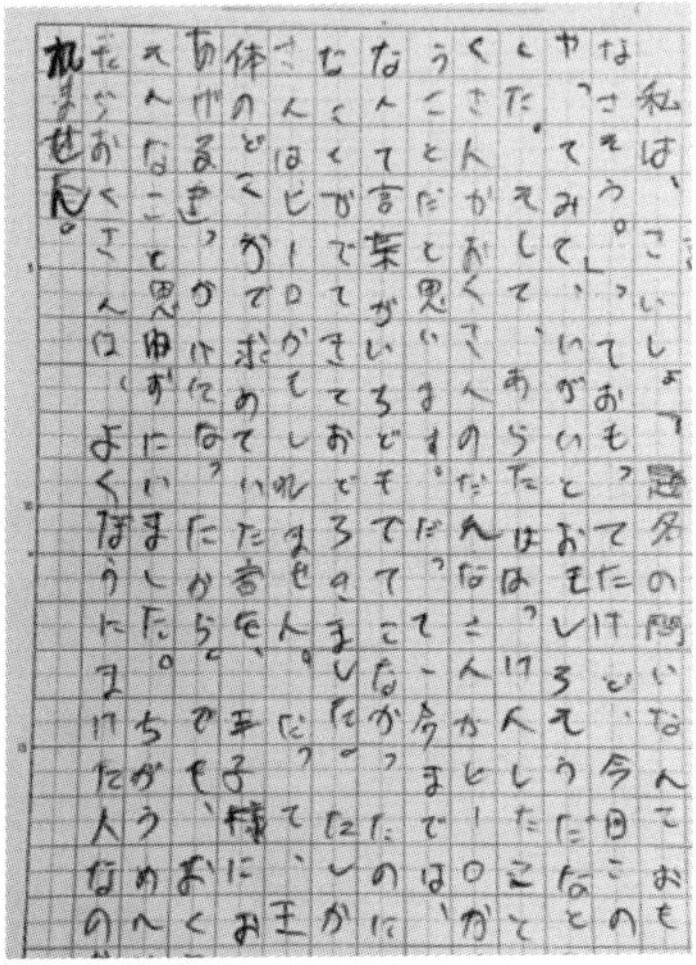

私は、さいしょ「題名の問いなんておもしろくなさそう。」っておもってたけど、今回この問いをやってみて、いがいとおもしろそうだなと思いました。そして、あらたにはっけんしたことは、おくさんやおくさんのだんなさんがヒーローかもということだと思います。だって、今までは、ヒーローなんて言葉がいちどもでてこなかったのに、そんなことができてきておどろきました。たしかにおくさんはヒーローかもしれません。だって、王子様が体のどこかで求めていた音を、王子様におしえてあげるきっかけになったから。でも、おくさんはそんなこと思わずにいました。ちがうめんからみたらおくさんは、よくぼうにまけた人なのかもしれません。

写真14　問い日記：2回目の読み合い

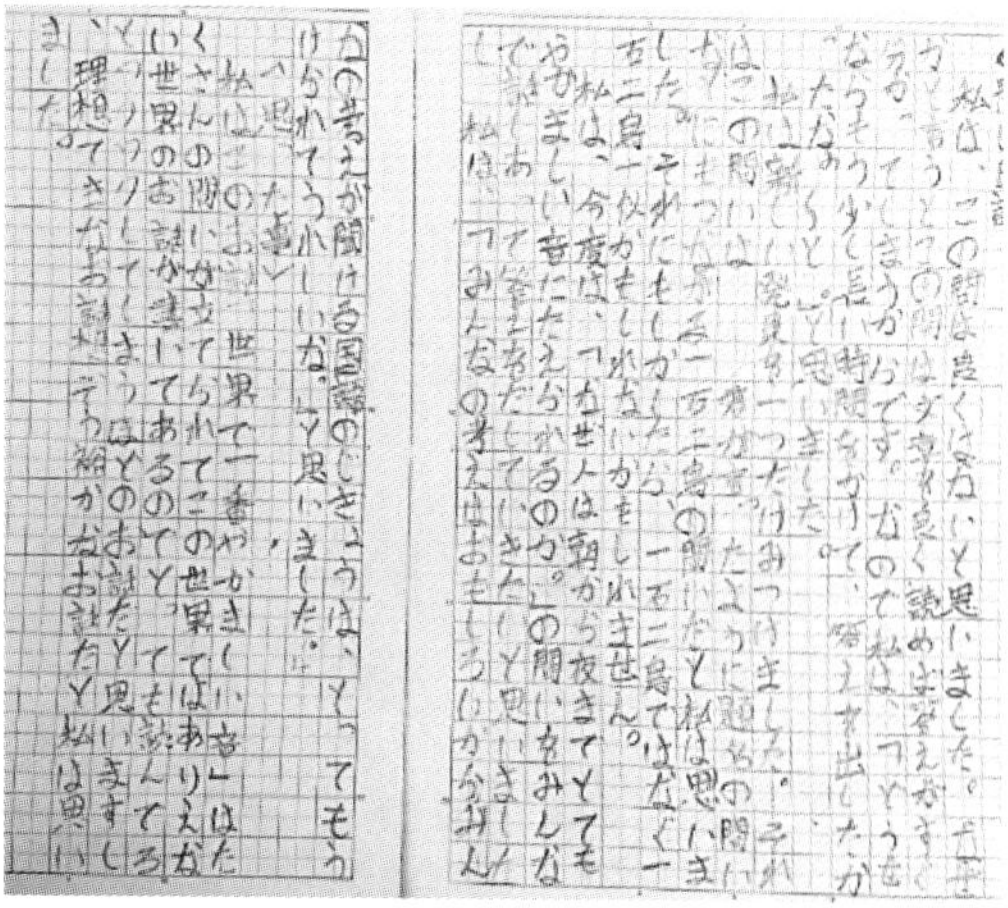

私は、この問いは良くはないと思いました。なぜかと言うとこの問いは文章をよく読めば「答えがすぐ分かってしまうからです。なので私は「どうせならもう少し長い時間をかけて、答えを出したかったなぁ」と思いました。
　私は新しい発見を1つだけ見つけました。それはこの問いは（児童名）が言ったように題名の問いなどにもつながる一石二鳥の問いだと私は思いました。それにもしかしたら一石二鳥ではなく一石二鳥以上かもしれないかもしれません。

　問いの評価については、2つに分かれたものの、写真13の子どもの問い日記からは、「最初は題名の問いはおもしろくなさそうと思っていた」ものの、「たしかにおくさんはヒーローかもしれません」と、題名についての問いを考えることによって、人物の見方が変わったことがまとめられている。

写真14の子どもの問い日記からは、「この問いでは答えがすぐ分かってしまう」と述べている。ここでの「答え」というのは、単元後の授業インタビューで個別の聞き取りをしてわかったことであるが、本文の根拠となる箇所のことを示していた。ここでも前に示した子どもと同じように今回の問いが題名につながること、つまり、この問いを中心によって他の問いのこともわかる、問いのつながりのあるものであったということで「一石二鳥以上かもしれません」と書いている。

(5) テーマ作文

第三次では、まとめとして、テーマ作文に取り組んでいる。作文のテーマ自体は「白いぼうし」の実践と同様に、子どもたちに委ねている。

授業の実際では、2回目の問い日記を紹介し、その問い日記についての感想を交流し合った。そして、今回は、「どんな題名でテーマ作文を書いてみたいか?」と題名を問うことで、より具体的にテーマ作文を考えることができるようにした。子どもたちが設定したテーマは「王子様とぼく」「もしも私が王子様(おくさま)だったら」などと登場人物と自分とを重ね

写真15　テーマ作文：「このお話の発見」

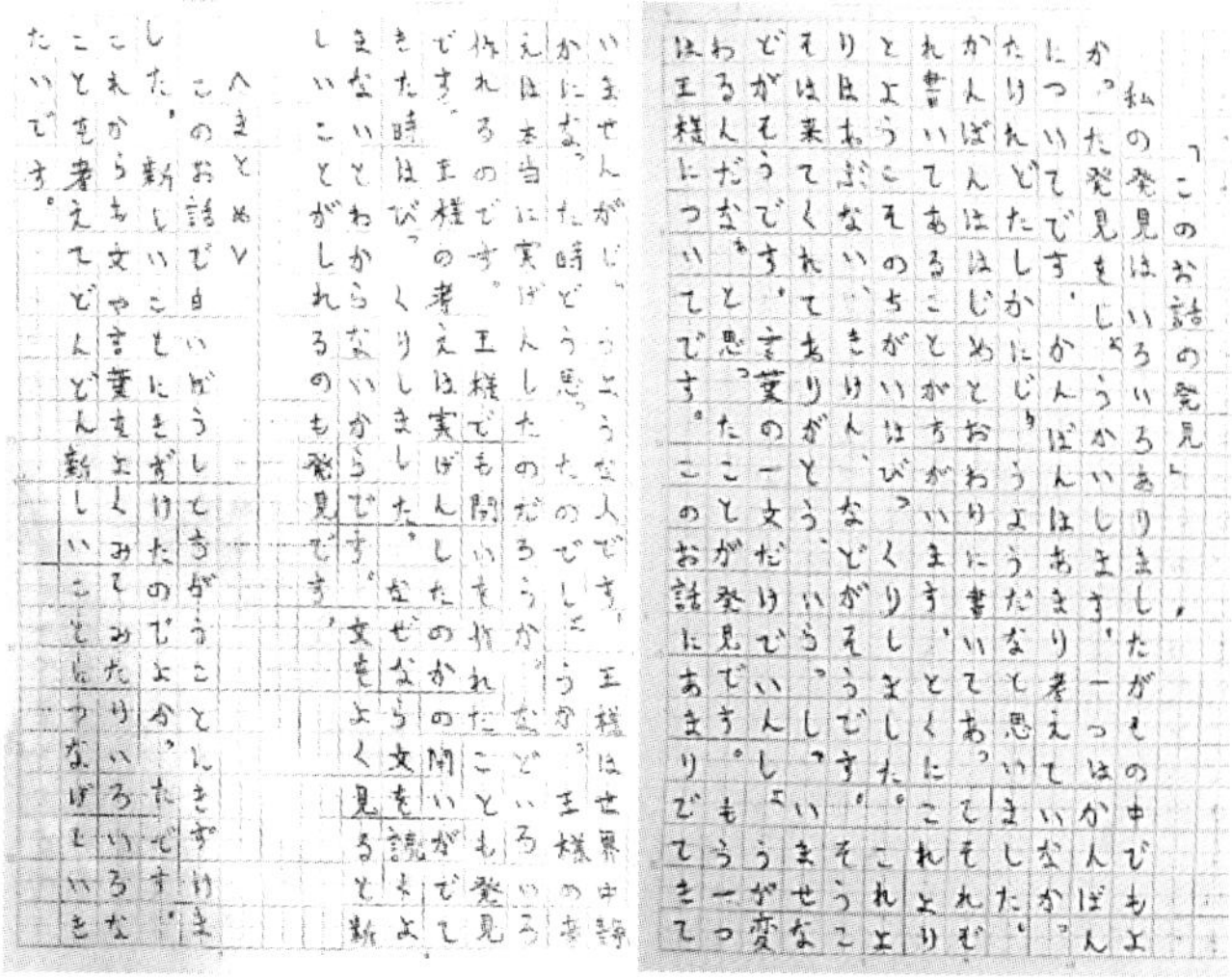
「このお話の発見」
私の発見はいろいろありましたがその中でもよかった発見をしょうかいします。一つはかんばんについてです。かんばんはあまり考えていなかったけれどたしかにじゅうようだなと思いました。かんばんははじめとおわりに書いてあってそれぞれ書いてあることがちがいます。とくにここでよとようこそのちがいはびっくりしました。これよりはあぶない、きけん、などがそうです。ようこそは来てくれてありがとう、いらっしゃいませなどがそうです。言葉の一文だけでいんしょうが変わるんだなぁと思ったことが発見です。もう一つは王様についてです。このお話にあまりでてきていませんがじゅうような人です。王様は世界中静かになった時どう思ったのでしょうか。王様の考えは本当に実げんしたのだろうか。などいろいろ作れるのです。王様でも問いを作れたことも発見です。王様の考えは実げんしたのかの問いがでてきた時はびっくりしました。なぜなら文を読まよまないとわからないからです。文をよく見ると新しいことがしれるのも発見です。

〈まとめ〉
このお話で自いがうしてちがうことにきずけました。新しいことにきずけたのでよかったです。これからも文や言葉をよくみてみたりいろいろなことを考えてどんどん新しいことをつなげていきたいです。

るテーマのもの、題名やこれまでの読み合いでの話題にもなった「音」や「心と体」に着目したテーマ、「物語からの新しい発見」として、物語から学んだことなどがテーマとして立った。次に子どもが単元でまとめたテーマ作文を紹介する。

「このお話の発見」という題名でまとめた子どもは、これまでの読み合いのなかでの立て札に着目したことによる町の変化についての発見をまずまとめている（写真15）。これは教材の特性に挙げた王子様の変化と町の変化（変化とそのくり返し）に関わってくる。ここでは「言葉の一文だけで印象が変わる」ということを挙げている。単元を省察し、ここで発

写真16　テーマ作文：「私が王子様だったら」

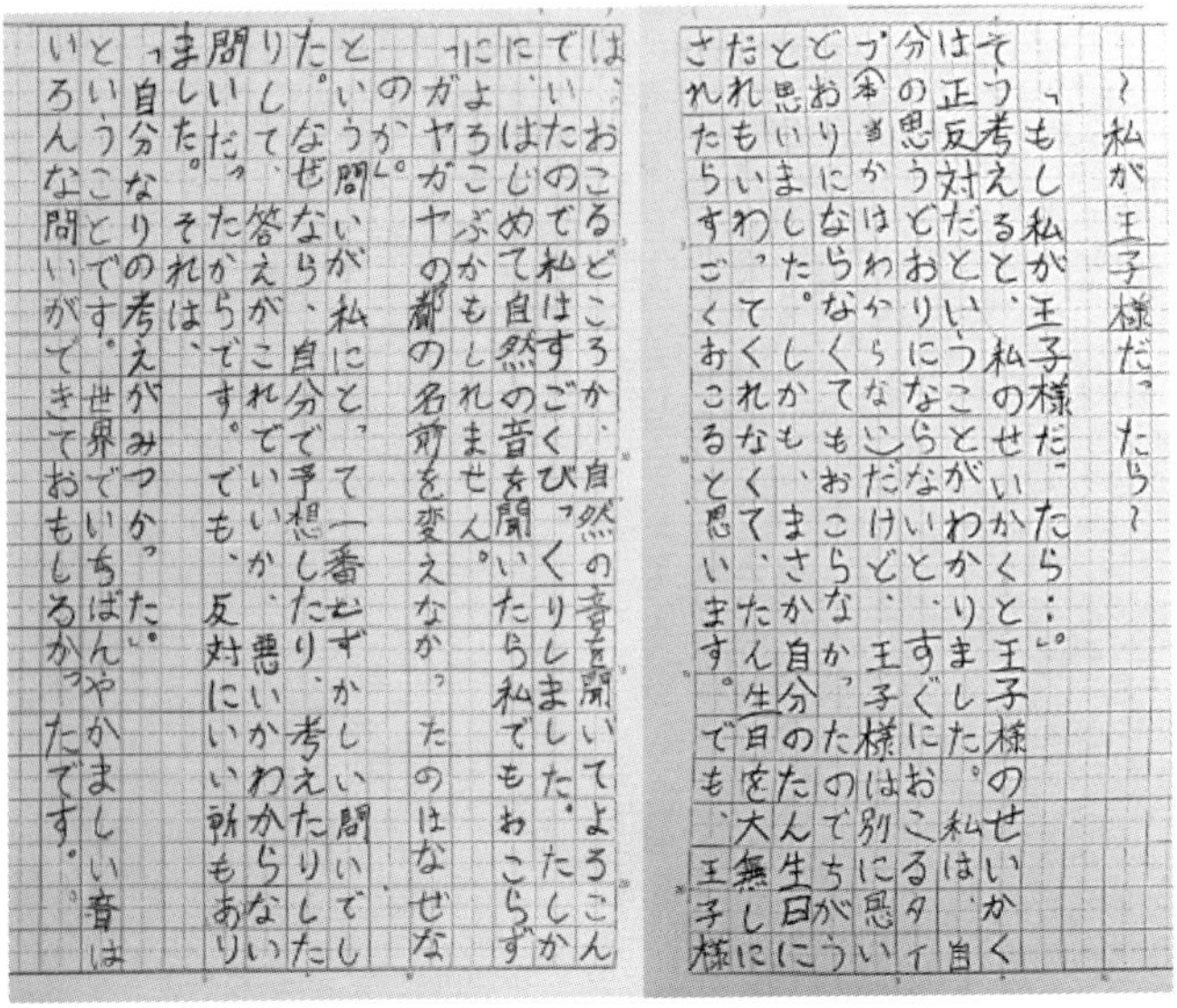
〜私が王子様だったら〜

「もし私が王子様だったら…。」

そう考えると、私のせいかくと王子様のせいかくは正反対だということがわかりました。私は、自分の思うとおりにならないとすぐにおこるタイプ（本当かはわからないけど）、王子様は別に思うどおりにならなくてもおこらなかったのでちがうと思いました。しかも、まさか自分のたん生日にだれもいわってくれなくて、たん生日を大無しにされたらすごくおこると思います。でも、王子様は、おこるどころか、自然の音を聞いてよろこんでいたので私はすごくびっくりしました。たしかに、はじめて自然の音を聞いたら私でもおこらずによろこぶかもしれません。

「ガヤガヤの箱の名前を変えなかったのはなぜなのか。」

という問いが私にとって一番むずかしい問いでした。なぜなら、自分で予想したり、考えたりしたりして、答えがこれでいいか、悪いかわからない問いだったからです。でも、反対にいい所もありました。それは、

「自分なりの考えがみつかった。」

ということです。世界でいちばんやかましい音はいろんな問いができておもしろかったです。

見としてまとめたことは学び方として、身体化されることといえる。また、単元では大きくは取り上げられなかった王様に着目して、さらなる問いとして言語化している。「王様は少ししか登場していませんが、重要な人物です」として、「王様は世界中静かになった時どう思ったのでしょうか。王様の考えは本当に実げんしたのだろうか」と王様への問いをまとめている。このことは学級全体で問いを立てて、2回読み合ったことが、さらなる新たな問いとして生まれてきているともとらえられるだろう。読みの方略、学び方を学ぶということだけでなく、学習

写真17　テーマ作文：「『心』と『体』の音」

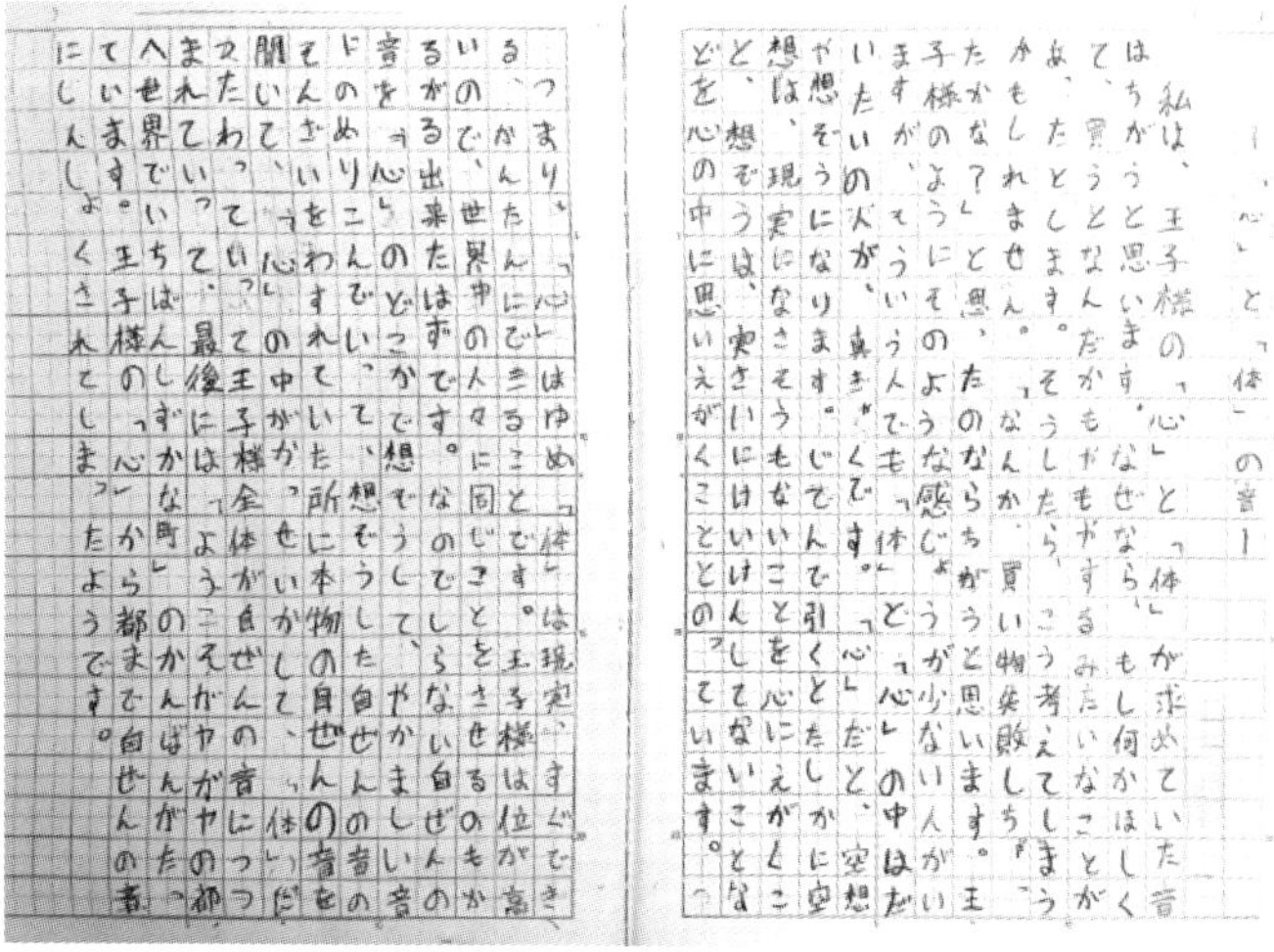

意欲のさらなる高まりもこの子どもの記述から見られる。

次に「私が王子様だったら」という題名でまとめた子どもは、「王子様」を「私」に引き寄せて考えを綴っているといえる（写真16）。例えば、「でも、王子様はおこるどころか、自然の音を聞いてよろこんでいたので私はすごくびっくりしました。」などは、教材の特性として挙げている「意外性のある結末」との関連する箇所であるといえるだろう。また最後の「世界でいちばんやかましい音はいろんな問いができておもしろかったです」と結んでいる。「いろんな問い」というところの意味を単元後の個別のインタビューで尋ねたところ、ここは町や王子様、おくさん、王様などさまざまな人物から考えることができるということを意味していた。このことは教材の特性として挙げた「三人称全知視点」と重なる。つまり、子どもたちは問いを立てる、読み合う、そして問いを評価するなかで、教材の特性に触れていることになる。

「『心』と『体』の音」という題名でまとめた子どもは、題名にある「音」に着目し、授業でも話題になった「心」と「体」について自分の考えをまとめていることがわかる（写真17）。例えば「王子様の『心』と『体』が求めていた音はちがう」という箇所などは、「意外性のある結末」という教材の特性について触れたものであるといえる。また、問い日記のなかでは、「王子様の「心」から都まで自ぜんの音にしんしょくされてしまったようです」と結んでいる。これは自然の音を聞いた王子様が変化し、さらにはガヤガヤの町の立て札に見られるように町が変化したという2つの変化、王子様とガヤガヤの町の変化を意味しているといえる。

テーマ作文を概観して思うことは、子どもたちは問いづくり→読み合い→問いの評価というサイクルを通して、教材の特性に触れながら「学び方」を学んでいる、読みの方略を身につけているという点である。そのことが学習内容の定着だけでなく、意欲の高まりにもつながっているといえる。

4 ● 実践を振り返って

授業者として、本単元を振り返ったときに、まず、子どもたちが方法知として学び方を熟達させていることを挙げることができる。本単元だけでなく、「白いぼうし」の授業も併せて考えたときに、問いづくり→読み合い→問いの評価という一連のサイクルによって、問い自体が学習材として議論（問いの価値）され、それが子どもたちにとって自分ごととしての学びになったといえる。そのため、問いの評価、省察としての問い日記では、教材の特性に触れながら読みの方略が学び方として自覚化され、身体化されていったといえる。

また、今回は、学習形態を学習者自ら、子どもたちが選択できるようにした。そのことにより、学び方の複線化が図られ、そして、同時進行の相互交流が活性化するという状況が生まれたといえる。これはやはり学習形態の選択に学習者である子どもたちが参画することによって、交流が活性化したといえるだろう。1回目と2回目で学習形態をどのように子どもたちが選択したかは、図5に示す通りである。交流性という点では、読み合い場面で、多くの子どもたちと話し合いたい、読み合いたいという姿が見られた。1人が3人組をつくったり、1回目では見られなかった10人以上で話し合ったりするということもあったからである。

また発達段階上、仲のよい子ども同士で集まってしまうのではないかと考えたが、「まだやっていない人と話し合ってみよう」など、仲のよさが軸となるのではなく、他者との交流性という点で子どもたちは学習形態を選択しているということが見られた。また「問い」の機能にも関わって、問いにより学びが駆動し、くり返されたことで読みが精選されたといえる。

一方で、子どもたちの問い日記、そしてテーマ作文から見えてきたのは、立てた問いをもとに一連のサイクルをまわす、行うごとにさらなる問いが生まれるという点である。問いを立てるという協働生成を行う場合、どうしても取り上げることができない問いも出てくるのは必然である。今回で言うと、王様やおくさんに着目した問いなどである。さらには、問いが決まらないという状況も生まれてきている。これは子どもたちが物語である学

図5　多様性のある学び：1回目と2回目の選択者数の比較

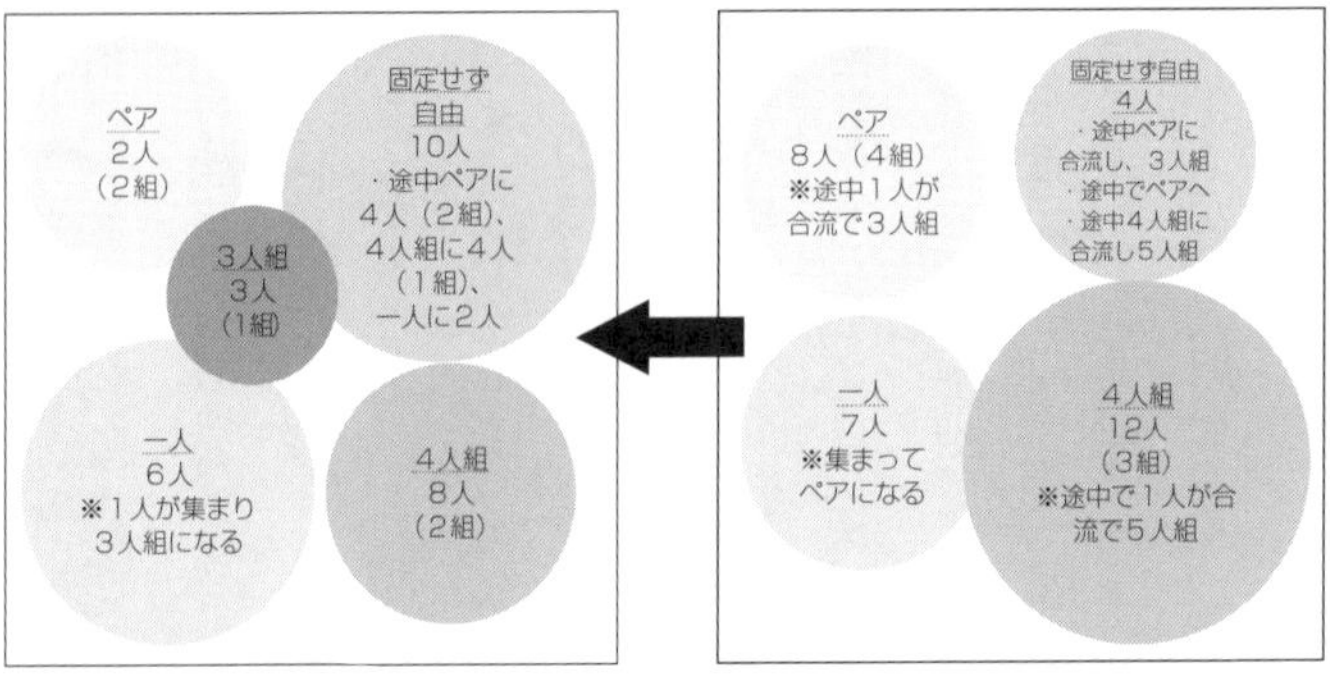

ペア
8人（4組）
※途中1人が合流で3人組
固定せず自由
4人
・途中ペアに合流し、3人組
・途中でペアへ
・途中4人組に合流し5人組
一人
7人
※集まってペアになる
4人組
12人
（3組）
※途中で1人が合流で5人組
ペア
2人
（2組）
固定せず
自由
10人
・途中ペアに4人（2組）、4人組に4人（1組）、一人に2人
3人組
3人
（1組）
一人
6人
※1人が集まり3人組になる
4人組
8人
（2組）

習材を自分ごととしてとらえ、問いにこだわりをもって検討していることにもよるだろうと考える。

さらに問いが生まれる、そして、問いを立てる際に扱うことができなかった問いをどうするか、「学びの個別化」という点からも今後の実践を見直していく必要があると考えている。

注　石井英真（2020）『授業づくりの深め方』ミネルヴァ書房

引用・参考文献

鹿毛雅治（2019）『授業という営み　子どもとともに「主体的に学ぶ場」を創る』教育出版

小山義徳（2021）・道田泰司編『「問う力」を育てる理論と実践　問い・質問・発問の活用の仕方を探る』ひつじ書房

田近洵一（1993）『読み手を育てる―読者論から読書行為論へ』明治図書出版

竜田徹（2014）『構想力を育む国語教育』溪水社

ダン・ロススタイン、ルース・サンタナ著／吉田新一郎訳（2015）『たった一つを変えるだけ　クラスも教師も自立する「質問づくり」』新評論

松本修・西田太郎（2020）『小学校国語科〈問い〉づくりと読みの交流の学習デザイン　物語を主体的に読む力を育てる理論と実践』明治図書

田中実・須貝千里（編集）（２００１）『文学の力×教材の力　小学校編４年』教育出版
田中実・須貝千里（編集）（２００１）『文学の力×教材の力　小学校編５年』教育出版
櫻井茂男（２０２０）『学びの「エンゲージメント」―主体的に学習に取り組む態度の評価と育て方―』図書文化
ベナ・カリック（著）、アリソン・ズムダ（著）、中井悠加（翻訳）、田中理紗（翻訳）、飯村寧史（翻訳）、吉田新一郎（翻訳）（２０２３）『学びの中心はやっぱり生徒だ！：「個別化された学び」と「思考の習慣」』新評論
香月正登・白坂洋一（２０２２）「学習者側からの目標設定に関する実践的研究～国語学習意識の質的変化に着目して～」（第１４２回全国大学国語教育学会／自由研究発表資料）
白坂洋一（２０２２）「問い日記をつくろう！」（第85回国語教育全国大会（オンライン）／授業資料）
白坂洋一（２０２３）『「問い日記」で問いの深化を促す授業実践（４年）』『美意識を育てる』東洋館出版社
白坂洋一（２０２３）「「問い日記」の言語活動的価値についての一考察」（国語教育探究第36号）

おわりに

本書は、白坂洋一先生との共同研究にはじまった子ども主語の国語科授業を、リフレクションの観点から再考してまとめたものである。リフレクションが大事だということはイメージのなかでは捉えていたが、こうして一冊の書としてまとめてみると、その大事さが子どもの事実として何倍にも感じられる。

リフレクションが子どもの内側で自然に起こり、状況と対話しながら言葉の学びを自ら展開していくこと、これが子ども主語の国語科授業である。「問い」をつくり、「問い」で読み合い、「問い」を評価することはその一つの具体的展開だが、子ども主語を実現するためには、自分事の課題意識と、それを探究する場、ともに探究する教師の存在が欠かせない。その学びの空間のなかに、さまざまな方法で言葉にアプローチしようとする子どもの姿や子どもも相互で言葉について対話する姿が生まれてくる。

だからといって、すぐすぐこうした姿が見られるようになるわけでもなく、少しずつの経験を重ねていく時間も必要となるだろう。どこかもどかしく、本当にこれでよいのだろうかという迷いを抱えながらの歩みとなるだろう。

しかし、教師の想像を超えていく子どもの学びは本当にすごいものだと思う。小学校教員最後の年の「海の命」の授業で、子どもがはじめた議論についていけなかったことを思い出す。「太一が瀬の主を殺さなかった理由はそうだとしても、太一自身は瀬の主を殺さなかったことに納得しているのか」という子どもの議論に聞き入るのみで、子どもに負けたという悔しさと嬉しさは今も鮮明に残っている。

共同研究という形で授業に関わらせてもらっている白坂学級の子どもも想定を超える学びで、冷静に授業を見ようとしても、目の付け所や発想の仕方に常に驚かされる。いったい教師の役割とは何なのだろうと本当に考えさせられる。

リフレクション型国語科授業もようやく形になりはじめたところで、課題ばかりが生まれてきているが、私たちもしっかり迷いながら歩みを進めていきたい。ぜひとも、先生方のご批正を賜ることができれば幸いである。

最後になりましたが、私たちのこうした取り組みに価値を見出し、さまざまなご指導をいただいた先生方に心より感謝申し上げます。

2023年　12月

梅光学院大学　香月正登

著者紹介

白坂　洋一（しらさか・よういち）

筑波大学附属小学校国語科教諭

1977年鹿児島県生まれ。鹿児島県公立小学校教諭を経て、筑波大学附属小学校国語科教諭。全国国語授業研究会 副会長。「子どもの論理」で創る国語授業研究会会長。『例解学習漢字辞典』（小学館）編集委員。教育出版教科書編集委員。『例解学習ことわざ辞典』（小学館）監修。

◎単著

『子どもを読書好きにするために親ができること』小学館／2020年
『子どもの思考が動き出す　国語授業４つの発問』東洋館出版社／2021年３月
『この１冊で大丈夫！入学準備ことばと考える力』小学館／2021年９月
『この１冊で身につく！1年生の国語読解力』小学館／2021年６月
『この１冊で身につく！2年生の国語読解力』小学館／2022年３月
『「学びがい」のある学級─子どもの「声」を引き出す教師の言葉がけ─』東洋館出版社／2022年

◎共著

『「子どもの論理」で創る国語の授業─読むこと─』明治図書／2018年
『「子どもの論理」で創る国語の授業─書くこと─』明治図書／2020年
『「子どもの論理」で創る国語科授業スキル 構想・展開・省察の場で活用する指導技術』明治図書／2022年
他多数。

香月　正登（かつき・まさと）

梅光学院大学教授

1967（昭和42）年福岡県生まれ。山口大学大学院修士課程修了。山口県公立小学校教諭を経て、現職。全国大学国語教育学会員、日本国語教育学会員、中国・国語教育探究の会代表を務める。国語科実践学の構築を目指し、精力的に現場での授業を続けている。

◎単著

『論理ベースの国語科授業づくり 考える力をぐんぐん引き出す指導の要点と技術（国語科授業サポートBOOKS）』明治図書／2017年

◎共著

『対話力がぐんぐん伸びる! 文字化資料・振り返り活動でつくる小学校国語科「話し合い」の授業』明治図書／2018年
『「子どもの論理」で創る国語の授業─読むこと─』明治図書／2018年
『「子どもの論理」で創る国語の授業─書くこと─』明治図書／2020年
『子どもの思考が見える! 動く! 小学校国語科「TKFモデル」で創る説明文・文学の授業プラン（国語科授業サポートBOOKS）』明治図書／2022年
『「子どもの論理」で創る国語科授業スキル 構想・展開・省察の場で活用する指導技術』明治図書／2022年
他多数。

[執筆箇所]
白坂洋一　はじめに／第1章4節(p36-40)／第3章
香月正登　第1章／第2章／おわりに

※本研究は公益財団法人博報堂教育財団による第18回児童教育実践についての研究助成を受けたものです。

リフレクション型国語科授業
―「問い」をつくり、「問い」で読み合い、「問い」を評価する

2024(令和6)年 7 月11日　初版第1刷発行
2024(令和6)年10月18日　初版第2刷発行

編著者：白坂洋一・香月正登
編著者：錦織　圭之介
編著者：株式会社　東洋館出版社
〒101-0054　東京都千代田区神田錦町2-9-1
コンフォール安田ビル
代　表　TEL：03-6778-4343　fax：03-5281-8091
営業部　TEL：03-6778-7278　fax：03-5281-8092
振　替　00180-7-96823
ＵＲＬ：https://www.toyokan.co.jp
装幀・本文デザイン：株式会社明昌堂
組版：株式会社明昌堂
印刷・製本：株式会社シナノ

ISBN 978-4-491-05102-4／Printed in Japan